JN369939

하늘을 꿈꾸는 친구들에게 들려주는
알고 싶어요,
공군 조종사

하늘을 꿈꾸는
친구들에게 들려주는

알고 싶어요,
공군 조종사

김인옥 글 · 정경아 그림

아울북

들어가는 말

조종사를 꿈꾸는 친구들에게

　2013년, 저는 공군 조종사들을 직접 만나 볼 기회가 있었어요. 대학 강사로 일하던 중 <자긍심 함양을 위한 공군 조종사 연수>를 돕게 되었었거든요. 덕분에 저는 공군 조종사들, 그리고 공군 조종사의 가족들과 함께 많은 시간을 보낼 수 있었답니다.

　저는 공군 조종사들을 만나는 동안 대한민국 공군 조종사들이야말로 어린 시절부터 비행을 꿈꾼 사람들, 비행을 가장 사랑하는 사람들, 그리고 비행을 가장 잘하는 사람들이라는 것을 알게 되었어요. 그리고 현재 우리나라의 훌륭한 조종사 대부분이 공군 조종사이거나 공군 조종사로 일했던 분들이라는 사실도 알게 되었지요.

　그런데 연수가 끝나고 한참 뒤였어요. 우연히 인터넷을 통해 많은 친구들이 비행 조종사를 꿈꾸고, 조종사에 대헤 궁금해한다는 사실을 알게 되었어요.

'하늘을 나는 조종사가 되고 싶어요.'
'어떻게 하면 조종사가 될 수 있나요?'
'여자도 조종사가 될 수 있나요?'

　조종사가 꿈인 친구들의 많은 질문을 보게 되었지요. 그 순간 어떻게 하면 조종사가 될 수 있는지, 조종사는 어떻게 하늘을 나는지, 친구들의 궁금증을 풀어 주고 싶다는 생각을 하게 되었어요. 그리고 그동안 공군 조종사들을 가까이하면서 알게 된 내용들을 친구들에게 전해 주기로 결심했어요. 또 이런 생각도 했지요. 우리나라에서 조종사가 되기 위해서는 공군 조종사에 대해 꼭 알아야 한다고 말이에요.
　지금까지 공군 조종사들에 관한 이야기는 우리 친구들에게 잘 알려지지 않았어요. 우리가 평소에 쉽게 만날 수 있는 분들이 아니기 때문이에요. 공군 조종사들은 우리나라를 지키기 위해 아주 비밀스러우면서도 중요한 일들을 하고 계시니까요. 그러므로 많은 사람들이 공군 조종사에 대해서 궁금해했지만, 쉽게 다가설 수 없었지요.
　그러나 이 책은 지금까지 잘 알려지지 않았던 공군 조종사에 관한 숨겨진 이야기를 자세하고 생생하게 담고 있어요. 조종사를 꿈꾸는 친구들이 직접 체험하지 않더라도 조종사의 세계를 잘 이해할 수 있도록 만들었답니다.
　하늘을 꿈꾸는 친구들에게 공군 조종사 이야기를 들려준다고 하니 공군에서도 아주 반가워하셨어요. 하늘의 용사들에 대해 우리 친구들이 더 자세히 알 수 있도록 많은 도움을 주셨지요.

정경두 합동참모의장님과 이왕근 공군참모총장님께서는 바쁘신 가운데도 원고를 직접 읽어 보시고, 애정 어린 관심과 조언을 베풀어 주셨어요. 공군 정훈 공보실 공보 과장 이상규 대령님께서는 이 책이 세상 밖으로 나올 수 있도록 모든 도움을 아끼지 않으셨어요. 공군 연구단 에어쇼 기획실 의전 팀장님이신 이동기 대령님과 29전대장 원인재 대령님께서는 제가 더욱 생생한 이야기를 전달할 수 있도록 부대 방문과 전투기 체험을 허락해 주셨어요. 그리고 29전대 이성희 소령님께서는 전투기 지상 활주 체험을 직접 도와주셨으며, 공군 조종사가 되기까지의 생생한 경험담도 함께 들려주셨어요. 또 고 오충현 대령님의 아내 박소영 여사님께서는 공군 조종사 가족의 생활을 자세히 들려주셨어요. 그리고 공군 정훈 공보실 편보현 상사님께서는 친구들의 이해를 돕기 위해 멋진 사진을 보내 주셨지요. 마지막으로 21세기북스의 이상화 편집자님과 박보람 편집자님께도 감사 인사를 드리고 싶어요. 그 밖에 이 책을 만드는 데 많은 분들이 도움을 주셨답니다.

자, 그럼 지금부터 여러 친구들이 궁금해하는 공군 조종사의 세계로 한번 날아가 볼까요?

우르르 쌔애앵! 어디선가 우레와 같이 공중을 뒤흔드는 소리가 들리지 않나요?

드디어 매서운 독수리 한 마리가 날쌘 몸짓으로 활주로를 박차고 날아올라요. 하늘을 올려다보세요.

눈 부신 햇살 너머 구름 사이로 날아오르는 독수리의 은빛 날개가 보이나요?

저 독수리는 어디로 날아가는 걸까요?

하늘로 우주로! 전쟁보다 평화를 위한 끝없는 도전!

바로 독수리가 향하는 곳이지요.

자, 그럼 우리 모두 독수리에게 손을 힘껏 흔들어 봐요!

2017년 9월

지은이 김인옥

추천사

하늘과 우주를 사랑하는
미래의 꿈나무 여러분에게

　우리 공군은 매년 '스페이스 챌린지 대회', '항공 우주 캠프' 등을 통해 어린이들과 청소년들이 하늘과 우주에 대한 꿈과 애정을 키워 나갈 수 있도록 돕고 있습니다. 이러한 행사에 참석한 일부 학생들은, '공군에 대해 관심이 있고 궁금하지만, 많은 정보를 접할 수도 없고 내용도 이해하기가 어렵다.'는 이야기를 종종 하곤 합니다. 공군이 하는 일, 공군의 작전 등은 어른들도 이해하기 어려운 영역이기 때문입니다. 따라서 아직 어린 친구들에게는 더욱 어려울 수 있지요. 그러나 한 발짝만 가까이 다가가 본다면 공군에게 한결 더 친근함을 느낄 수 있을 것입니다.

　공군 조종사와 장병들도 어린 시절 여러분과 마찬가지로 하늘과 우주, 공군을 동경하였으며 지금도 그 시절의 마음을 그대로 간직한 채 우리의 하늘을 지키고 있기 때문입니다.

　『알고 싶어요, 공군 조종사』는 여러분이 공군에 한 걸음 더 다가설 수 있는 계기를 마련해 줄 수 있는 책입니다. 김인옥 작가님께서 그동안 조종사를 비롯하여 공군과 함께 일해 오신 경험과 현장답사와 연구를 바탕으로 한 줄 한 줄 써 내려간 이 책은, 평소 접하기 힘든 생생한 자료와 공군에 대한 자세한 설명과 소개를 담고 있습니다. 특히 사람들이 공군에 대해 가장 궁금해하는 내용을 아직 어린 친구들도 쉽게 이해하고 흥미를 느낄 수 있도록 구성하여, 공군에 대한 이해를 높여 줄 안내서가 될 것입니다.

'대한민국을 지키는 가장 높은 힘', 정예 공군은 대한민국 국민의 안전과 우리 하늘을 지키기 위해 1년 365일, 비바람이 몰아치는 날에도, 추위와 폭설이 내리치는 날에도, 한여름의 뜨거운 더위 속에서도 최선을 다해 임무를 수행하고 있습니다.

앞으로 우리나라를 이끌어 갈 꿈나무 여러분들이 이 책을 통해 공군을 더욱 가깝고 친근하게 느끼고, 하늘과 우주를 향한 꿈을 키워 갈 수 있게 되기를 기대해 봅니다.

끝으로, 미래의 꿈나무들과 공군에 대한 애정을 바탕으로 오랜 기간 집필 끝에, 훌륭한 책을 완성해 주신 김인옥 작가님께 공군 전 장병과 함께 깊은 감사의 말씀을 드립니다.

2017년 9월

대한민국 합동참모의장 공군대장 정경두

추천사

대한민국의 항공 우주 시대의 주역이 될 청소년, 어린이 여러분에게

하늘과 우주, 그리고 대한민국 공군을 사랑해 주시는 청소년, 어린이 여러분에게 깊은 감사의 말씀을 드립니다. 『알고 싶어요, 공군 조종사』는 공군을 사랑하고, 공군에 대해 알고 싶어 하는 여러분들을 위해, 공군에 관한 여러 이야기와 지식들을 알기 쉽게 설명하고자 만든 책입니다.

오늘날과 같은 항공 우주 과학 분야의 발전이 이루어질 수 있었던 원동력 중 하나는 바로 오랜 옛날부터 인류가 품어 온 하늘과 우주에 대한 호기심과 동경이었습니다. 특히 어린 시절, 푸른 하늘과 밤하늘의 별을 바라보며 펼치던 상상의 나래는 많은 사람들에게 깊은 영감을 주었으며, 이를 계기로 많은 인재들이 성장하여 오늘날 항공 우주 분야의 발전을 이끌고 있습니다. 대한민국 공군의 많은 조종사와 장병들 또한 어린 시절부터 하늘과 우주를 동경하고 꿈을 키움으로써, 오늘날 '대한민국을 지키는 가장 높은 힘'의 일원으로 성장할 수 있었습니다.

이렇듯 공군을 사랑하고, 우리 머리 위의 푸른 하늘과 그 너머의 더 넓은 세계를 꿈꾸는 청소년과 어린이 여러분이 많아질수록, 다가오는 항공 우주 시대 속 대한민국의 미래는 더욱 밝아질 것이며, 공군도 우리 국민과 대한민국을 더욱 든든히 지켜 나갈 수 있게 될 것입니다.

글쓴이 김인옥 작가님은 공군에 대해 누구보다 많은 경험과 지식, 그리고 애정과 열정을 갖고 계신 분으로서, 이 책을 쓰기 위해 오랜 기간에 걸쳐 공군의 다양한 임무 수행 현장을 직접 방문하며 연구와 집필을 해 오셨습니다. 그 결과, 대한민국의 하늘을 굳건히 지키기 위해 하루 24시간 이어지는 공군의 활동상을 비롯하여, 공군에 대해 많은 사람들이 궁금해하는 내용이 생생하고 풍부한 자료, 그리고 알기 쉽고 재미있는 설명으로 이 책에 담길 수 있었습니다.

이 책을 통해 많은 청소년, 어린이 여러분들이 항공 우주 시대와 공군에 대한 큰 꿈과 포부를 키워 나갈 수 있게 되리라 믿으며, 앞으로 우리 공군을 이끌어 갈 미래의 많은 리더들이 여러분 중에서 배출될 수 있기를 희망합니다.

하늘과 우주, 그리고 공군을 향한 여러분의 꿈을 응원합니다.

2017년 9월

대한민국 공군참모총장 공군대장 이왕근

차례

들어가는 말　조종사를 꿈꾸는 친구들에게 · 4
추천사　하늘과 우주를 사랑하는 미래의 꿈나무 여러분에게 · 8
　　　　대한민국의 항공 우주 시대의 주역이 될 청소년, 어린이 여러분에게 · 10

첫 번째 생생 공군 조종사 이야기

우리의 자랑스러운 대한민국 공군 조종사 · 17

나는 대한민국의 하늘을 지키는 보라매! · 18
공군 조종사는 어떤 일을 할까요? · 29
- 우리나라 하늘을 지켜요 · 29
- 가장 먼저 출격해요 · 33
- 다른 나라를 위해서도 날아요 · 39

두 번째 생생 공군 조종사 이야기

공군 조종사의 매일매일 · 47

팰콘 편대장님의 하루 · 48
비행이 궁금해요 · 59
- 조종복과 비행 장비는 반드시! · 59
- 힘을 합쳐 날아요 · 66
- 완벽한 준비만이 살길! · 73

세 번째 생생 공군 조종사 이야기
공군 조종사란 직업에 대한 모든 것 · 79

날지 않는 하늘의 전사	· 80
공군 조종사의 장점과 단점	· 90
- 자긍심이 넘쳐요, 공군 조종사!	· 90
- 어렵고 힘든 점도 있어요	· 94

네 번째 생생 공군 조종사 이야기
공군 조종사를 꿈꾸는 친구들에게 · 101

보라매가 되었어요	· 102
어떻게 하면 공군 조종사가 될 수 있나요?	· 116
- 이것만은 갖춰야 해요	· 116
- 공군 조종사가 되려면 어떻게 해야 할까요?	· 122
- 여자도 공군 조종사가 될 수 있어요	· 126

다섯 번째 생생 공군 조종사 이야기
역사 속의 대한민국 공군 · 133

딘 헤스 대령님과 6·25 전쟁고아 수송 작전 · 134
역사 속 비행 이야기 · 146
- 비행기는 어떻게 발달해 왔을까요? · 146
- 조선 독립의 희망을 하늘에서 찾다 · 154
- 6·25 전쟁과 공군 조종사 · 161

여섯 번째 생생 공군 조종사 이야기
나라와 국민을 위해 희생한 공군 조종사들 · 169

하늘의 별이 되었어요 · 170
공군 조종사에게서 배워요 · 179
- 나라를 사랑하는 마음을 배워요 · 179
- 도전하는 마음을 배워요 · 182
- 노력하는 마음을 배워요 · 190

일곱 번째 생생 공군 조종사 이야기

자랑스러운
대한민국 공군의 내일
                                        · 195

영국 하늘에 울려 퍼진 아리랑   · 196
튼튼한 대한민국과 과학 기술의 미래,
하늘에 있어요!   · 208
  – 하늘로 우주로!   · 208
  – 첨단 과학 기술을 이끄는 항공 우주 산업   · 214
  – 자랑스러워요, 대한민국 항공!   · 219

첫 번째 생생 공군 조종사 이야기

우리의 자랑스러운
대한민국 공군 조종사

✈ 나는 대한민국의
하늘을 지키는 보라매!

활주로가 펼쳐진 넓은 벌판에 해가 지기 시작했어요. 온종일 하늘을 날아다니며 짹짹거리던 새들도 쉴 곳을 찾아 날아들 시간이에요. 그런데 웬일일까요? 활주로 끝에 앉아 있던 또 다른 새들은 어둠이 내리기 시작하자 오히려 훨훨 날아갈 채비를 하고 있어요. 바로 우리의 밤하늘을 지키러 갈 새들이었어요.

물론 이 새들은 진짜 새가 아니에요. 보드라운 깃털 대신 금속으로 만들어진 딱딱한 날개를 갖고 있고, 따뜻하고 부드러운 심장 대신 엔진이라는 차갑고 딱딱한 강철 심장을 가지고 있지요. 그러나 이 새가 하늘로 날아오르면 독수리처럼 거침없이 날아다니는 무서운 새가 된답니다.

진녹색 조종복에 빨간마후라˚를 맨 하늘의 전사, 보라매가 이 용맹한

◉ '빨간마후라'는 외래어 표기법상 '빨간 머플러'라고 표기하는 것이 맞아요. 그러나 '빨간 머플러'가 대한민국 공군의 상징이 된 계기가 바로 〈빨간마후라〉라는 영화와 군가였어요. 지금도 공군에서는 이 영화와 원곡의 제목을 그대로 따 '빨간마후라'라고 쓰고 부르지요. 따라서 이 책에서도 '빨간마후라'라고 표기한답니다.

철갑 새 앞에 나타났어요. 이제 곧 전투기와 함께 날아오를 시간이 되었거든요.

"필승!"

보라매가 격납고 안으로 들어서자, 항공 정비사님들이 보라매를 향해 큰소리로 경례를 했어요. 정비사님들은 불빛이 환하게 밝혀진 격납고 안에서 전투기를 살피던 중이었어요. 낮부터 벌써 몇 시간 째 뚝딱뚝딱! 전투기의 몸통부터 날개, 그리고 바퀴까지 아주 꼼꼼하게 점검하고 있었지요.

'어둠 속을 나는 야간 비행은 낮에 하는 비행에 비해 훨씬 어렵고 위험해. 어둠 때문에 주변 물체가 잘 안 보여서 거리나 속도를 판단하기가 쉽지 않지. 활주로에 유도등*이 켜져 있다고 해도, 늘 긴장하고 조심해야 해!'

정비사님들은 밤하늘을 날아오를 보라매의 안전 비행을 위해 작은 나사 하나라도 이상이 없는지 살피고 또 살폈어요.

"보라매 원! 확인해 보십시오. 준비는 모두 끝났습니다!"

보라매가 나타나자 항공 정비사님이 연장들을 들고 주변을 정리하며 말했어요.

보라매에게는 사실 이름도 계급도 따로 있어요. 부대 안에서는 김 소령님으로 불리지요. 하지만 일단 비행이 시작되면 김 소령님은 이렇게 보라

⊙ 비행기가 이륙하거나 착륙할 때 위치를 파악할 수 있도록 활주로에 설치해 두는 조명을 유도등이라고 해요.

매 원이 돼요. 바로 관제탑이나 다른 비행기들과 교신할 때 사용하는 '콜 사인'이라는 별명이에요. 비행할 때 상대방이 쉽게 알아들을 수 있도록 짧고 명료하게 부르는 이름이지요.

정비사님들이 전투기로부터 손길을 거두자 이번에는 김 소령님이 전투기 앞으로 다가갔어요. 그리고 고래처럼 매끄러운 회색빛 몸통과 날렵한 꼬리를 가진 전투기를 사랑스러운 눈빛으로 바라보았어요.

"어디 아픈 데 없어? 나의 비행기!"

김 소령님은 전투기의 머리와 몸통 그리고 꼬리를 아기처럼 토닥토닥 두드렸어요. 그리고 가만히 귀를 대어 보았어요. 항공 정비사님들이 완벽하게 정비해 놓은 전투기이지만, 어느 한 곳이라도 이상이 없는지 다시 확인했어요. 이곳저곳을 확인해 본 김 소령님은 아주 만족한 표정을 지었어요. 그러고는 성큼성큼 사다리를 타고 전투기에 올랐어요.

사람이 겨우 앉을 만한 좁은 조종석에 올라앉자 헬멧을 쓰고 산소 호흡기를 연결했어요. 다음으로 어깨와 다리에 벨트를 매었어요. 김 소령님은 마치 로봇처럼 완전히 전투기와 합체가 되어 한 몸이 되었어요. 이제 숨 쉬는 것도 전투기를 통해서 해야 하고, 전투기를 조종하는 것 외에는 고개를 돌릴 수도, 몸을 마음대로 움직일 수도 없게 되었어요. 하지만 김 소령님은 벌써 하늘의 전사가 된 기분이었어요. 드디어 하늘 높이 날아갈 수 있는 강한 심장과 날개가 생겼기 때문이지요.

"이제부터 너와 나는 하늘로 날아올라 한 마리의 무서운 독수리가 되는 거야. 이제 그 어떤 적들도 우리의 하늘과 땅, 바다를 넘볼 수 없도록 철통같이 지켜 내는 거야, 알겠어?"

김 소령님은 그 어느 때보다도 용기와 자신감이 넘쳤어요.

부르릉! 드디어 시동이 걸렸어요. 전투기는 곧 왱! 하고 천둥과 같은 소리를 내기 시작했어요. 그 소리가 얼마나 큰지 옆 사람의 말소리조차 알아들을 수 없을 정도였어요.

"정말 대단한 녀석이야! 벌써 내 귀청이 떨어질 것 같으니 말이야."

"하지만 저렇게 강한 힘을 가진 녀석이면 뭐해? 혼자서는 날지 못하는 걸. 저 강철 독수리보다 저 녀석과 한 몸이 되어 날아다니는 김 소령님이 더 대단하지."

이제 막 움직이려는 전투기를 바라보던 정비사님들이 귀를 막으며 소리쳤어요. 그러고는 잘 다녀오라고 김 소령님에게 손을 흔들어 주었어요. 김 소령님도 무사히 임무를 마치고 오겠다고 엄지손가락을 척! 치켜세웠어요.

전투기가 조금씩 움직이기 시작했어요. 그리고 곧 지상 관제소와 무선 통신을 시작했어요.

"그라운드! 여기는 보라매 원! 활주로로 나가겠다!"

"여기는 그라운드! 보라매 원, 지상 활주를 허가한다!"

◉ 그라운드(Ground)란 지상 관제소를 뜻해요.

"라저!"

관제소의 허가가 떨어지자 김 소령님이 탄 전투기가 점점 빠르게 움직이며 나아갔어요. 그러고는 곧 하늘로 솟아오르기 위해 출발 지점에 멈춰 섰어요.

김 소령님이 이번에는 활주로 한쪽에 솟아 있는 높은 관제탑을 불렀어요.

"타워! 보라매 원! 이륙 허가를 요청한다!"

"여기는 타워! 보라매 원, 이륙을 허가한다!"

"라저."

관제탑의 허가가 떨어지자 출발 지점에서 대기하던 전투기가 유도등이 환하게 켜진 활주로를 따라 총알처럼 튕겨 나갔어요. 그러고는 꼬리에서 푸른 불기둥을 내뿜으며 온 힘을 다해 활주로를 박차고 떠올랐어요. 쌔애앵! 드디어 우리의 하늘을 지키는 보라매의 비행이 시작되었어요.

전투기는 순식간에 밤하늘로 치솟아 올랐어요. 몇 초도 안 되었는데 어느새 구름 위로 날고 있었지요. 김 소령님이 탄 전투기의 뒤를 이어 곧 다른 전투기들도 날아올랐어요. 전투기들은 점점 땅 위의 세상과 멀어지며 구름을 뚫고 아주 높고 넓은 밤하늘을 날았어요.

전투기들은 구름 위의 드넓은 검은 하늘에 이르자 각자 맡은 일을 시작했어요. 짝을 지어 편대를 이루고는 밤하늘의 이곳저곳을 샅샅이 누볐어요. 우리나라의 국민들이 안심하고 편히 잘 수 있도록 밤하늘을 구석구석 살피는 일이었어요.

전투기가 어둠이 가득한 하늘을 거침없이 날아다니는 동안, 전투기 아래로는 거무스레한 산과 도시들의 환한 불빛이 나타났다가 사라지기를

◉ 라저(Roger)란 '알겠다'라는 의미예요.
◉ 타워(Tower)란 관제탑을 뜻하는 말이고요.
◉ 비행기들이 짝을 지어 대형을 맞추는 것을 편대라고 한답니다.

반복했어요. 도시는 어느 때보다도 아주 평화로워 보였어요. 불빛만 반짝반짝할 뿐 아주 고요했지요. 아마 모두 이 깜깜한 밤하늘에 독수리들이 날아다니며 우리나라를 지키고 있다는 사실을 눈치채지 못하는 것 같았어요.

김 소령님이 탄 전투기가 더 높이 날아올랐어요. 높이 날아오를수록 도시의 환한 불빛들이 점점 작아졌어요. 그러더니 마침내 모든 것이 한눈에 보이기 시작했어요.

'아, 드디어 이 거대한 도시가 모두 나의 날개 밑으로 들어왔군! 모든 사람들이 이 전투기 아래에서 편히 잠들 수 있기를.'

전투기들은 계속 여기저기를 날아다니며 밤하늘 곳곳을 살폈어요. 어느덧 시간이 많이 흘렀어요. 밤하늘을 누비던 전투기들이 우리 땅, 바다, 하늘 곳곳을 확인하고는 한숨을 돌렸어요. 모두 평화롭게 날아가는 한 무리의 새떼처럼 밤하늘을 여유롭게 날아다녔어요. 이제 전투기들이 돌아갈 시간이었어요.

김 소령님은 마지막으로 주위를 둘러보았어요. 캄캄한 밤하늘엔 아무것도 보이지 않고 캐노피˚ 너머로 별들만이 반짝이고 있었어요. 그 순간 갑자기 김 소령님에게 외로움이 몰려왔어요.

'아무도 없는 검은 밤하늘을 날아다니는 건 넓은 바다에 떠 있는 작은 배처럼 외로운 일이야.'

김 소령님은 이 세상에 혼자 남겨진 것처럼 외로워졌어요. 하지만 곧 마음을 바로잡았어요.

'용감한 하늘의 수호자에게 외로움이란 있을 수 없지!'

보라매 원은 손에 잡힐 듯 가까이에서 반짝이는 별들을 친구 삼아 다시 밤하늘을 거침없이 날아가기 시작했어요.

˚ 캐노피는 전투기 조종석 위에 위치한 투명한 덮개예요.

✈ 공군 조종사는 어떤 일을 할까요?

우리나라 하늘을 지켜요

공군 조종사는 어떤 일을 할까요? 공군 조종사는 모두가 알다시피 우리의 하늘을 지키는 일을 해요. 다른 나라가 함부로 우리나라를 침략하지 못하도록 막아 내지요. 또 적군의 비행기나 낯선 비행체가 우리 하늘에 나타나지는 않는지 늘 감시하고, 혹시라도 적이 침략할 것을 대비해 꾸준하게 훈련한답니다.

공군에는 '중앙 방공 통제소(MCRC)'라는 곳이 있어요. 우리나라의 하늘을 두 눈 부릅뜨고 감시하는 곳이지요. 이곳에서는 여러 가지 레이더를 통해 한반도 하늘에 떠 있는 모든 비행 물체를 확인할 수 있어요. 그래서 인천공항을 출발한 비행기가 어디로 날아가는 비행기인지, 연평도 가까이 날고 있는 비행기가 우리 비행기인지 아니면 북한 비행기인지도 모두 알 수 있어요.

만약 중앙 방공 통제소에 미리 신고하지 않은 비행 물체가 우리나라 하늘에서 발견된다면 어떻게 될까요? 그러면 가장 가까운 곳에서 훈련 중이거나 비행 중인 우리 공군 전투기, 혹은 비상 대기 중인 공군 전투기에 즉각 출격 명령이 내려져요. 명령을 받은 공군 조종사들은 재빨리 낯선 비행 물체를 향해 날아가지요. 더 이상 우리 하늘을 허락 없이 날 수 없도록 막는 거예요.

우리나라의 하늘을 지키는 일은 아주 중요해요. 하늘로는 적이 가장 빠르게 침입할 수 있기 때문이에요. 자칫하면 적에게 기습을 당할 수도 있지요. 또 적에게 하늘이 뚫리게 되면 육지나 바다에서 나라를 지키기도 어려워져요. 따라서 우리 하늘을 통제하고 감시하는 일은 우리나라의 안보를 위해 꼭 필요한 일이랍니다.

그렇다면 이렇게 우리나라가 군사적으로 감시하고 통제하는 하늘은 어디까지일까요? 우선 우리나라의 '영공'을 지켜요. 영공은 우리나라에 '주권'이 있는 우리 하늘을 말해요. 국제법상으로 우리 영토와 영해 위에서 수직으로 그은 공중으로, 항공기가 날아다닐 수 있는 고도의 대기권을 가리키지요.

우리나라는 그 어떤 나라보다도 영공 방위가 중요한 나라예요. 북한의 도발과 독도를 둘러싼 일본과의 영토 분쟁 등 한반도 주변에 여러 가

◉ 안보란 우리나라 외부의 위협이나 침략으로부터 국가와 국민의 안전을 지키는 것을 뜻해요.

지 위험 요인이 도사리고 있기 때문이에요. 특히 우리나라는 서울이 있는 수도권으로부터 항공기로 5분 거리에 휴전선을 두고 있어 언제든 위험한 상황에 처할 수 있어요.

우리나라의 하늘을 책임지는 공군에서는 이런 위험에 대비하기 위해 특별한 감시 활동을 벌이고 있어요. 레이더와 각종 전자 장비가 갖춰진 항공 통제기를 이용해 24시간 동안 빈틈없이 우리의 하늘을 지키고 있지요.

'피스아이'라는 이름을 가진 이 항공 통제기는 우리나라를 둘러싼 여러 가지 위험으로부터 한반도를 지키는 '한반도 평화의 감시자' 역할을 해요. 2011년부터 우리 하늘을 매일같이 날아다니며 군사 분계선˙ 가까이는 물론이고 방공 식별 구역(KADIZ)˙ 내로 진입하는 우리나라 및 주변국의 모든 항공기를 매서운 눈으로 지켜보고 있답니다.

한편, 우리나라는 이처럼 한반도의 영공에 대해서만이 아니라 그 위의 우주 공간에 대해서도 군사적으로 감시 활동을 벌이고 있어요. 오늘날 항공 우주 기술이 발달함에 따라 공중을 중심으로 이루어지던 세계 각국의 항공력이 점점 우주 영역으로 뻗어 나가고 있기 때문이에요.

하늘에는 우주가 시작되는 고도 100킬로미터부터 36,000킬로미터 사

◉ 군사 분계선이란 전쟁 중이었던 두 나라가 휴전 협정을 맺을 때 그어지는 군사 행동의 분계선을 말해요.
◉ 방공 식별 구역은 외국 항공기가 우리나라로 진입하기 위해서는 반드시 허가를 받아야 하는 우리나라 주변의 하늘을 말해요.

한반도 평화의 수호자, '피스아이'는 하늘의 방공 통제소예요.
이 피스아이에는 레이더가 있어서 24시간 내내 한반도 전역의 공중과 해상을 감시할 수 있어요.

이에 여러 가지 위성이 돌고 있어요. 많은 나라가 과학적 목적뿐만 아니라 군사적 목적으로 위성을 쏘아 올리고 있지요. 그러므로 인공위성이 배치된 고도 100킬로미터에서 36,000킬로미터까지의 드높은 우주 공간도 우리나라의 안보를 위해서 아주 중요한 곳이에요. 우리의 영공뿐만 아니라 우주가 시작되는 100킬로미터 이상의 하늘도 군사적으로 마음 놓을 수 없는 곳이지요.

따라서 우리 공군에서는 한반도 영토 및 영해의 상공에 해당하는 공중뿐만 아니라 인공위성이 배치된 드높은 우주 공간에 대해서도 감시 활동을 벌이고 있어요. 비행기가 날아다니는 하늘 위의 우주 공간도 작전 영역에 포함하고 있답니다.

가장 먼저 출격해요

공군 조종사는 우리나라 안보에 위협이 생기면 가장 먼저 출격을 해요. 적이 우리나라를 침략하려는 기미가 보이거나, 다른 나라가 우리 국민의 재산과 생명을 위협하는 일이 생기면 가장 빠르게, 가장 높이, 가장 강하게 움직이지요.

재빨리 하늘로 날아올라 '우리나라를 침범하거나 공격하지 마시오. 우리는 우리 하늘, 우리 땅과 바다를 지킬 수 있는 강한 힘을 가지고 있습니다!'라는 경고를 보내요. 공군 조종사가 빠르게 출격하여 적이 함부로 우리나라를 침략하거나 침범하지 못하게 할 뿐만 아니라 아예 그런 생각도 못 하게 막는 것이에요.

우리나라는 이렇게 적이나 다른 나라로부터 우리나라를 지킬 수 있는 강력한 하늘의 힘을 가지고 있어요. 그 하늘의 힘을 흔히 '항공력' 또는 '공군력'이라고 해요.

항공력은 나라의 안전과 평화를 위해 아주 중요한 역할을 해요. 강력한 항공력은 전쟁이 일어나면 승리의 가능성을 높일 뿐만 아니라, 그 전에 전쟁이 일어나지 않도록 막고, 전쟁이 일어나더라도 더 이상 크게 번지는 것을 막지요.

우리는 늘 전쟁 없는 평화로운 세상을 꿈꿔요. 하지만 안타깝게도 우리가 살고 있는 세상은 평화롭지만은 않아요. 자유를 해치고 평화를 위협하는 일들이 끊임없이 벌어지고 있어요. 그래서 군인이 존재하고 무기가 존재하는 것이랍니다.

지금도 세계 곳곳에서는 많은 나라가 국가 간에 혹은 민족 간에 이념, 이익이나 인종, 종교, 혹은 국경선 같은 문제로 갈등을 겪고 있어요. 심한 경우에는 전쟁을 벌이고 있지요.

우리나라 역시 한 민족끼리 남과 북으로 갈라져 고통을 겪고 있어요. 끊임없는 북한의 핵 실험이나 미사일 발사로 긴장 상태가 자주 발생하고 갑작스러운 도발로 위험한 상황을 맞기도 하지요. 우리가 살고 있는 한반도에는 언제나 이런 위험이 도사리고 있어요. 따라서 우리는 항상 이런 불안에 대비해야 해요.

오늘날의 전쟁은 과거의 전쟁보다 훨씬 더 위험해요. 무기가 발달하면서 단 한 번의 전쟁으로도 과거의 전쟁과는 비교할 수 없을 정도로 많은 사람들이 목숨을 잃거나 크게 다칠 가능성이 높아졌어요. 재산상의 피해를 볼 가능성도 헤아릴 수 없을 정도로 커졌지요. 그래서 무엇보다 전쟁이 일어나지 않도록 막아야 할 뿐만 아니라, 전쟁이 일어나더라도 초기에 더 확대되지 않도록 하는 일이 아주 중요해요.

공군 조종사들이 우리나라에 위험이 닥칠 때 가장 빠르게, 가장 높이 날아오르는 이유가 바로 이 때문이에요. 전쟁이 일어나지 않도록 최대한 막아 내고, 전쟁이 일어나더라도 초기에 막아 국민의 안전을 지키고 한반도의 평화를 유지하는 것이 무엇보다 중요하니까요.

우리나라는 세계적으로 강한 공군력을 자랑하는 나라예요. 몇 년 전에는 실제로 그것을 확인할 수 있었답니다. 2010년, 연평도 포격 도발이 일어났을 때였어요. 북한군이 서해 연평도의 우리 해병대 기지와 민간인 마을을 공격했어요. 북한의 공격으로 우리나라의 해병대 두 명과 민간인 두 명이 목숨을 잃고 여러 명이 다치는 큰 상처를 입었어요. 북한이 민간인을 향해 군사 공격을 한 것은 우리나라와 북한이 휴전 협정을 한 이래 처음 있는 일이었지요.

우리나라는 이때 큰 피해를 보았어요. 하지만 더 이상 전쟁으로 치닫지

 대한민국의 하늘은 대한민국 전투기 F-15K가 지켜요!

않았다는 점은 아주 다행스러운 일이었어요. 당시 우리 해병대가 온몸을 던져 북한의 공격을 막아 내었을 뿐만 아니라, 우리 공군 조종사들이 목숨을 걸고 날아오른 덕분이었어요.

해병대가 북한의 포격을 막아 내고 있을 때였어요. 공군 조종사들은 바로 우리의 가장 강력한 전투기인 F-15K와 주력 전투기인 KF-16 전투기를 타고 빠르게 출격했어요. 그리고 하늘에 떠올라 '만일 우리를 더 이상 공격하면 매서운 맛을 보여 주겠어!'라고 경고하며 무서운 기세로 몰아쳤지요.

공군 조종사들이 성난 독수리처럼 하늘을 거침없이 날아다니자 북한군은 더 이상 공격을 하지 않고 물러섰어요. 우리나라의 공군력이 북한보다 더 강력하다는 것을 북한군도 알아차렸던 걸까요? 그동안 잘 알려지지 않았지만, 우리의 강한 공군력이 북한의 도발을 막는 데 큰 역할을 한 사건이었답니다.

새해 초계 비행

해마다 새해 첫날이 되면 만나는 소식이 있어요. 해맞이와 함께 새해 첫 새벽하늘을 나는 대한민국 공군 전투기의 '초계 비행' 소식이지요. 초계 비행은 우리 하늘과 땅, 바다 전체에 아무 이상이 없는지 살펴보고 경계하는 비행을 말해요. 새해 첫날 동틀 무렵, 하늘로 날아오른 공군 조종사는 우리나라의 산과 바다, 국토 전체를 구석구석 누비며 우리나라 안보에 아무 이상이 없음을 확인해요. 그리고 국민들에게 새해에도 빈틈없이 하늘을 튼튼하게 지키겠다는 각오를 보여 주어요.

"국민 여러분, 새해 복 많이 받으십시오. 대한민국의 하늘은 우리가 책임지겠습니다. 올 한 해도 안심하고 생활하십시오."라고 말이에요.

\# 새해를 맞아 초계 비행을 하고 있는 공군의 전투기

다른 나라를 위해서도 날아요

공군 조종사가 꼭 우리나라만을 위해 일하진 않아요. 가끔 다른 나라를 돕기 위해 해외로 파견될 때도 있지요. 그것을 '해외 파병'이라고 해요. 바로 전쟁 중이거나 전쟁으로 피해를 본 나라에 직접 찾아가서 도와주는 것을 뜻한답니다.

우리나라의 군대를 다른 나라에 보내는 해외 파병은 전쟁으로 어려움에 처한 나라를 돕는다는 점에서 세계 평화에 기여하는 일이에요. 그리고 국제 사회의 한 구성원으로서 나라의 이름을 널리 알리고, 세계적으로 인정받을 수 있는 일이기도 하지요.

우리나라 역시 6·25 전쟁이 벌어졌을 때 다른 나라들의 도움을 받았어요. 한반도에서 전쟁이 일어나자 전 세계 가운데 16개 나라의 참전 용사들이 우리를 돕기 위해 달려왔어요. 언어도 다르고 피부색도 달랐지만 오로지 자유민주주의와 평화를 지키겠다는 한마음으로 우리와 함께 싸워 주었고 또 우리를 도와주었어요.

오늘날 자랑스러운 대한민국이 있게 된 것은 머나먼 이국땅이었던 대한민국에서 우리 국군과 함께 목숨을 걸고 싸웠던 16개 나라의 참전 용사들이 있었기 때문이에요.

6·25 전쟁 때 이렇게 다른 나라 군대의 도움을 받았던 우리나라는 그 뒤 오래지 않아 다른 나라를 도와주는 해외 파병국이 되었어요.

우리나라가 해외 파병을 시작한 것은 베트남 전쟁이 벌어지던 1965년부터였어요. 맹호부대, 청룡부대, 백마부대 등이 베트남 전쟁에 파병되었어요. 그리고 그 뒤로 지금까지 단비부대, 동명부대, 아크부대, 오쉬노부대, 청해부대 같은 많은 부대들이 세계 평화를 위해 여러 나라에 파병되었지요.

"우리는 대한민국 공군 해외 파병 부대입니다!"
우리나라의 공군은 대한민국의 평화뿐 아니라 세계의 평화를 위해서도 날아요.

공군의 해외 파병이 처음으로 시작된 것 역시 베트남 전쟁 때부터였어요. 1966년 베트남 전쟁 때 처음으로 대한민국 공군에서 '은마부대'가 파병되었어요. 항공기를 이용하여 필요한 곳에 물자나 장비를 실어 나르거나, 다친 환자들을 병원으로 수송하고, 군 병력을 실어 나르는 공수 임무를 펼쳤어요.

은마부대는 그로부터 7년간 베트남에서 1,000여 회의 비행을 통해 3만 명의 인원과 5,900톤의 물자를 날랐어요. 기상 지원, 공중 정찰 임무 등을 성공적으로 수행해서 세계에 대한민국 공군의 위상을 높이는 데 기여하기도 했지요.

은마부대 이후에도 여러 차례 해외 파병이 있었어요. 1990년, 이라크의 쿠웨이트 침공으로 벌어진 걸프 전쟁 때는 1991년 2월, '비마부대'를 창설해 파병했어요. 비마부대는 국군 의료 지원단의 병력 수송, 다국적군˙ 환자 수송 등을 맡아 중요한 역할을 해냈어요.

1993년에는 소말리아 평화 유지군 파병을 위한 공수 임무를 맡아서 해내기도 했어요. 그리고 1999년 9월부터 10월까지는 동티모르 평화 유지군을 돕기 위해 대규모 작전을 벌였어요. 공수 임무를 위해 최초로 9대의 C-130 항공기를 동시에 투입했답니다.

2001년 12월에는 '청마부대'로 불리는 제57 공수 비행단을 창설하여 아

⊙ 여러 나라의 국적을 가진 군인들로 구성된 군을 말해요.

프가니스탄의 대테러 작전에 참여했어요. 공군은 이 작전에서 태평양과 인도양을 가로지르며 80여 회에 걸쳐 다국적군에 대한 의료 및 수송 지원 임무를 수행했어요.

지금까지 우리나라 공군의 해외 파병 부대들은 이렇게 공군 조종사와 공군 지원팀이 하나가 되어 전투가 아닌 전쟁 이후의 복구 사업에 필요한 공수 임무를 주로 해 왔어요.

세계 평화 유지를 위해서 우리와 친분을 맺고 있는 나라의 물자를 나르거나, 공중 정찰 임무를 수행하기도 하고, 병력을 수송하거나, 환자를 수송하는 일을 했어요. 단지 해외에 머무는 데 그치지 않고 전쟁으로 인해 어려움에 처한 나라를 진심으로 돕기 위해 애써왔지요. 그 가운데서도 동맹국을 돕기 위해 그 어떤 어려움도 마다하지 않은 부대 중 하나가 바로 다이만부대였어요.

다이만은 아랍어로 '항상 그대와 함께'라는 뜻이에요. 다이만부대는 이름처럼 우리의 도움이 필요한 나라를 진심으로 돕기 위해 애썼어요.

다이만부대는 2004년 8월에 창설하여, 2004년 10월부터 2008년 12월까지 쿠웨이트와 이라크를 오가며 자이툰부대와 동맹국 부대에 대한 항공 수송 지원 임무를 완벽하게 해냈어요. 4대의 C-130H 수송기로 단 한 번의 실패도 없이 4년 3개월간 43,000여 명의 병력과 4,600여 톤의 군수 물자를 수송했는데, 그 총 비행 거리가 지구 86바퀴에 해당하는 340만 킬로미터에 달할 정도였지요.

다이만부대가 작전을 벌이던 이라크 북동 지역과 바그다드는 어떤 지역보다도 낯설고 위험한 지역이었어요. 부대원들은 사막 지역의 뜨거운 열기와 모래 폭풍을 견뎌야 했고, 포탄이 오가는 위험도 참고 견뎌야 했어요. 활주로도 아주 거칠고 위험한 곳이었지요. 하지만 다이만부대는 힘들고 어려운 환경 속에서도 단 한 건의 안전사고 없이 임무를 성공적으로 수행해 냈어요.

그리하여 동맹군들로부터 '최고의 공수 작전 부대'라는 호평을 받기도 했지요. 우리 공군 해외 파병 부대가 동맹국을 진심으로 돕기 위해 애쓴 결과였답니다.

두 번째 생생 공군 조종사 이야기

공군 조종사의 매일매일

✈ 팰콘 편대장님의 하루

여기는 하늘의 용사들이 모여 나라를 지키는 전투 비행단이에요. 팰콘 편대장님이 이른 새벽 관사를 나섰어요. 적의 침입에 대비한 가상훈련을 벌이기 위해서예요.

"오늘은 적기가 나타나면 함께 공격하는 훈련이야!"

"네! 알고 있습니다!"

미리 비행 대대에 도착해 있던 부하 조종사들이 큰소리로 대답했어요.

팰콘 편대장님의 비행기는 작지만 아주 빠른 속도로 하늘을 날아다녀요. 그래서 별명이 팰콘이지요. 팰콘은 맷과의 일종으로, 독수리보다 작지만 용맹스럽고 아주 빠르게 나는 새랍니다.

◉ 관사는 나라에서 직업 군인들과 그의 가족들이 살 수 있도록 지은 주택이에요.

푸푸 삐이, 혈압 측정기 소리가 났어요. 팰콘 편대장님이 혈압을 재는 소리예요. 조종사들은 비행하기 전에 항상 건강을 체크해요. 만약 몸에 이상이 있으면 비행할 때 아주 위험해지기 때문이에요. 그래서 비행 전에 늘 체온도 재어 보고 혈압이나 심장 박동 등을 확인하여 건강에 이상이 없는지 살펴본답니다.

　팰콘 편대장님은 몸에 이상이 없다는 걸 확인하고 브리핑 룸으로 향했어요. 이번에는 부하 조종사들과 함께 오늘 할 비행에 대해 회의를 할 차례예요.

　브리핑 룸에 팰콘 편대장님과 함께 작전을 벌일 조종사들이 모여 앉았어요.

"오늘 날씨를 말씀드리겠습니다!"

회의가 시작되고 제일 먼저 나선 분은 날씨를 분석하는 기상 대장님이에요.

"날씨는 맑고 기온은 26도, 풍속은 1.8미터 퍼 세컨드입니다. 산 중턱에 구름이 깔려 있지만 작전을 방해할 정도는 아닙니다."

조종사들이 귀를 쫑긋 세우고 날씨 발표를 들었어요. 비행에 날씨만큼 중요한 게 없으니까요.

날씨에 대한 보고가 끝나자 이번엔 조종사들의 눈빛이 더욱 반짝거렸어요. 이제 본격적으로 하늘에 올라가 수행해야 하는 비행 임무를 살펴볼 차례였어요.

함께 날아오를 조종사들이 서로 비행 임무에 대해 확인하는 과정도 아주 중요해요. 하늘에서는 특히 손발이 맞아야 하기 때문이에요. 그렇지 않으면 맡은 일을 잘 해낼 수 없어요. 그뿐만 아니라 하늘에서 길을 잃거나 서로 부딪혀서 아주 위험해질 수도 있지요.

"오늘의 비행 임무는 적기의 꼬리 뒤로 파고들어 공격하는 훈련이다!"

팰콘 편대장님이 탁자 위에 있는 모형 비행기를 집어 들었어요. 그리고는 모형 비행기로 휘리릭! 날아가는 방향과 적기를 막아 내기 위한 여러 가지 비행 기동*을 허공에 그려 보았어요. 비행기에 시동을 걸 때부터 활

---

* 기동이란 전투기를 이동하는 재빠른 움직임이나 모양을 뜻해요.

주로에 내려 시동을 끌 때까지, 순간마다 조종사들이 어떤 임무를 수행해야 하는지 차례차례 순서를 말해 주었어요. 부하 조종사들이 고개를 끄덕였어요.

"이제 됐어! 비행 50분 전이니 비행 장비들을 챙길 시간이야."

시계를 바라보던 팰콘 편대장님이 부하들과 함께 브리핑 룸을 나와 비행 장비들이 가득한 방으로 향했어요. 그곳에는 헬멧과 낙하산, 'G 슈트*' 같은 비행에 필요한 장비들이 준비되어 있었어요.

팰콘 편대장님과 부하 조종사들은 각자 조종복을 입은 채로 허리와 다리에 G 슈트를 두르고 낙하산과 구명조끼를 어깨에 메었어요. 마지막으로 장갑을 챙기고 헬멧이 든 가방을 손에 들고 건물을 나섰지요.

건물 밖에는 조종사들을 '이글루'로 데려다줄 미니버스가 도착해 있어요. 이글루는 비행기를 넣어 두고 정비하는, 항공기의 집이라고 할 수 있는 '격납고'를 가리켜요. 반원형으로 생긴 격납고가 에스키모의 집인 이글루를 닮았다고 해서 그렇게 부르지요.

미니버스를 타고 이글루에 도착하자 팰콘 편대장님은 늘 하던 대로 함께 날아오를 전투기부터 살피기 시작했어요. 정비사님들이 완벽하게 정비해 놓은 전투기이지만 어디 이상이 없는지, 점검하다 빼놓은 곳은 없는지 다시 확인해 봤어요. 비행에 안전만큼 중요한 건 없으니까요.

* G 슈트란 고공비행을 할 때 중력으로 인해 하체에 피가 쏠리는 것을 막아 주는 비행 보조 장비예요.

전투기를 점검하고 드디어 조종석에 앉아 하늘로 날아오를 준비를 끝냈어요. 팰콘 편대장님을 실은 전투기가 서서히 활주로로 나아가기 시작했어요. 활주로의 출발 지점에 가까워지자 전투기가 멈춰 섰어요. 출발 지점 가까이 '라스트 찬스 인스펙션 에어리어'라고 불리는 최종 점검 구역에서 또 다른 정비사님들이 기다리고 있었기 때문이에요. 라스트 찬스 인스펙션 에어리어라는 이름의 구역은 전투기가 날아오르기 직전 마지막으로 한번 더 점검하는 곳이었어요.

"나사 하나라도 잘못된 게 없는지 봐야겠어."

"연료통에 이상이 없는지, 무장은 잘 되었는지도 확인해야지."

"아, 바퀴에 이상이 없는지도 살펴봐야 해."

정비사님들이 팰콘 전투기 이곳저곳을 살펴보기 시작했어요.

"하늘로 날아오르는 건 목숨을 거는 일이야. 문제가 생기면 하늘에선 누구도 도와줄 수 없어. 그렇다고 하늘에서는 중간에 멈춰 설 수도 없지. 그러니까 전투기가 아무 일 없이 임무를 마치고 돌아오도록 비행 전에 완벽하게 점검해야 해."

정비사님들의 꼼꼼한 손길이 전투기 구석구석에 닿았어요.

"바닥에 달걀을 깨어 놓으면 프라이가 되겠는걸."

"그러게 말이네. 허허."

이곳저곳 빈틈없이 살피는 정비사님들의 얼굴 위로 땀이 주르륵 흘러내렸어요. 정비사님들이 얼굴을 들이밀고 있는 전투기 아래, 활주로 바닥 위로 뜨거운 열기가 훅! 하고 치밀어 올랐어요. 한여름 쨍쨍 내리쬐는 뙤약볕에 활주로 바닥이 달구어져 뿜어내는 열기였어요. 금방이라도 숨이 턱! 막힐 지경이었지만 정비사님들은 이런 더위쯤은 아랑곳하지 않았어요.

잠시 후 온몸이 땀에 흠뻑 젖은 무장사와 항공 정비사님들이 몸을 일으켰어요. 그리고 마지막으로 전투기를 향해 나란히 서서 주먹 쥔 두 팔을 힘차게 들어 올렸어요.

'팰콘 편대장님, 이젠 날아가도 좋습니다. 우리가 마지막까지 최선을 다했어요. 완벽합니다!'라는 신호였어요.

전투기 덮개인 캐노피 너머로 정비사님들의 사인을 확인한 팰콘 편대장님도 주먹을 불끈 쥔 두 팔을 들어 올렸어요.

'정비사님들 고마워요. 수고했어요. 맡은 일을 잘 해내고 안전하게 돌아올게요.'라는 표시였어요.

"타워! 팰콘이다! 이륙을 요청한다!"

인사를 마친 팰콘 편대장님이 관제소를 불렀어요. 곧 관제소는 아주 바빠졌어요. 이제부터 전투기를 하늘로 안내해야 하기 때문이에요.

"여기는 타워! 팰콘, 이륙을 허가한다!"

"라저."

팰콘 편대장님이 짧고 분명하게 대답했어요.

부우우웅! 쌔애앵! 드디어 비행기가 출발점을 내달리기 시작했어요. 총알처럼 앞으로 튕겨 나간 전투기는 꼬리로 불기둥을 뿜어내기 시작하더니 마침내 로켓처럼 하늘로 치솟았어요. 부하 조종사들의 전투기도 차례로 날아올랐지요.

몇 초 동안 빠른 속도로 날아오른 전투기는 어느새 구름을 뚫고 그 위로 사뿐히 올랐어요. 높은 하늘로 두둥실 떠오른 전투기 앞에 아주 맑고 반짝이는 투명한 세상이 펼쳐졌어요.

'우리의 평화를 위협하고 자유를 해치는 적들이 나타나면 언제라도 가

만두지 않겠어.'

팰콘 편대장님과 부하 조종사들이 드디어 넓은 하늘을 날아다니며 작전을 시작했어요. 적기를 피해 여기저기로 흩어졌다가 다시 날쌔게 달려들어 적기를 물고 늘어지는 훈련이었어요.

작전이 시작되자 전투기들은 먹잇감을 낚아채기 위해 두 눈을 부릅뜨고 날카로운 발톱을 치켜세운 한 마리 매 같았어요. 거침없이 이리저리 날아다녔지요. 적기를 쫓아내기 위해 꼬리 뒤쪽을 파고들기도 하고, 공격해 오는 적기를 피해 멀리 흩어지기도 했어요. 누워 있는 모양의 8자를 그리며 날아가기도 하고, 똑바로 날아가다가 90도나 180도로 급히 방향을 바꾸기도 했어요.

그런데 갑자기 방향을 틀 때였어요. 순식간에 팰콘 편대장님의 정신이 흐려졌어요. 눈앞이 가물가물해지고 손가락 하나도 움직일 수 없을 만큼 온몸이 무거워졌어요. 아주 심한 중력 가속도 때문이었어요. 몸에 이상을 느낀 팰콘 편대장님은 중력 가속도를 견뎌 내는 특별한 호흡법을 시작했어요.

"읍, 으읍! 읍!"

아랫배와 다리에 힘을 주며 깊은숨을 토해 냈어요. 그 순간 허리와 다리에 겹쳐 입은 G 슈트도 부풀어 올라 더 이상 피가 아래로 쏠리지 않도록 도와주었어요. 다행히 팰콘 편대장님의 정신이 다시 맑아졌어요. 팰콘 편대장님과 부하 조종사들은 그렇게 중력 가속도를 견디며 한참 동안 작전을 벌였어요.

어느새 시간이 많이 흘렀어요. 성난 매가 되어 하늘을 누비던 전투기들이 평화롭게 하늘을 날기 시작했어요. 드디어 작전이 끝난 거예요. 전투기들은 이제 순한 새가 되어 날개를 접고 차례로 땅으로 내려오기 시작했어요.

전투기가 하나둘 활주로에 사뿐히 멈춰 서자, 전투기의 캐노피가 열리고 팰콘 편대장님과 부하 조종사들이 모습을 드러냈어요.

전투기에서 내려와 헬멧을 벗은 팰콘 편대장님과 부하 조종사들의 얼굴은 온통 땀범벅이었어요. 코와 뺨에는 산소마스크 자국이 짙게 나 있고, 중력 가속도를 견뎌 내기 위해 하늘에서 얼마나 몸부림을 쳤던지 팔과 허벅지의 실핏줄도 터져 있었어요.

"비행을 마치고 돌아오면 내 몸이 세탁기 안을 돌다 나온 젖은 빨랫감 같아."

"맞아. 온몸에서 모든 게 다 빠져나간 것 같다고. 하지만 그래도 비행할 때가 가장 행복하지."

"잠시 숨을 돌리고 하늘에서 우리 국토를 내려다보는 순간 정말 눈물이 날 뻔했어. 내가 이 소중하고 아름다운 강산을 지키고 있구나! 이런 생각이 들어서 말이야."

모두 피곤함에 지친 몸이었지만 팰콘 편대장님과 부하 조종사들의 얼굴에는 미소가 흘러넘쳤어요. 나라를 지키기 위해 비행을 마치고 돌아오

면 언제나 뿌듯한 마음이 들었기 때문이에요.

"이렇게 한가할 때가 아니야. 아직 끝나지 않았어. 다시 브리핑 룸으로!"

비행은 끝났지만, 팰콘 편대장님이 부하 조종사들을 이끌고 다시 회의실로 향했어요. 내일의 완벽한 비행을 위해 오늘의 비행을 되돌아보고 정리하는 시간이 필요하니까요.

"오늘, 구름 때문에 한 가지 기동을 빼놓고 말았습니다."

기동이란 전투기가 비행할 때의 재빠른 움직임이나 그 모양을 말해요. 그런데 조금 전 있던 훈련에서 날씨 때문에 계획했던 기동 한 가지를 수행하지 못했던 거예요.

회의하던 부하 조종사들이 아쉬운 표정을 지었어요.

"다음에는 완벽한 비행이 되기를!"

팰콘 편대장님과 부하 조종사들이 굳게 다짐하면서 회의를 마쳤어요.

회의장을 나오는 팰콘 편대장님과 부하 조종사들은 몸이 천근만근이었어요. 오직 쉬고 싶은 생각뿐이었지요. 하지만 모두의 발길이 체력 단련장으로 향했어요. 늘 건강한 몸으로 단련하여, 내일 우리의 하늘을 더 튼튼하고 안전하게 지켜 내기 위해서예요.

✈ 비행이 궁금해요

조종복과 비행 장비는 반드시!

공군 조종사의 복장은 일반 항공기 조종사들과는 아주 달라요. 조종복을 입고 그 위에 또 비행 장비들을 착용해서 멋진 하늘의 전사로 변신하지요.

전투기를 타는 공군 조종사는 다른 말로 '전투 조종사'라고 불러요. 평소에는 우리 하늘을 감시하거나, 전쟁에 대비해 훈련하고, 전쟁이 일어나면 공중에서 적군에 맞서 싸우기 때문이지요.

그런데 이렇게 하늘에서 적과 맞서야 하는 전투 조종사는 적과 싸우기 전에 먼저 자신과 싸워야 해요. 비행 중 조종사의 몸에 닥치는 여러 가지 어려움과 위험을 이겨 내야 해요. 적과의 싸움은 그다음 문제랍니다.

전투기는 기종마다 성능이 조금씩 다르지만, 보통 시속 700킬로미터 이상의 속도로 날아다녀요. 고속도로를 100킬로미터로 달리는 자동차의

7배나 되는 속도지요. 공군 조종사는 이렇게 빠른 속도로 날아다니며 여러 가지 공중 기동을 해내요. 반듯하게 날아가다가 오른쪽 또는 왼쪽으로 방향을 돌리는 선회 비행을 하기도 하고, 위로 올라갔다가 아래로 내려가는 상승 강하 비행, 비행하는 도중 갑자기 속도를 높이거나 줄이는 증속 감속 비행 등 몹시 어렵고 힘든 비행을 해내지요.

이때 공군 조종사는 신체적으로 많은 것을 견뎌야 해요. 소리의 속도보다 더 빠른 비행기로, 마하 1 이상의 속력으로 날아다니는 초음속 전투기의 빠른 속도, 높은 고도에서의 낮은 기압과 산소 부족, 그리고 3차원 공간에서 급격한 방향 전환을 할 때 발생하는 중력 가속도 등 신체적인 한계를 모두 이겨 내야 하지요. 또 위급한 상황이 발생하여 항공기를 조종할 수 없다면 항공기로부터 비상 탈출도 시도해야 해요. 공군 조종사들이 비행할 때 반드시 착용하는 조종복과 비행 장비들이 이렇게 조종사가 비행 중에 겪을 수 있는 여러 가지 어려움과 위험을 이겨 낼 수 있도록 도와주는 것들이에요.

먼저, 조종복은 조종사들의 신체 기능을 높여서 하늘에서 맡은 일을 잘 해낼 수 있도록 도와주는 옷이에요. 비행 중의 조종사는 모든 일을 혼자 해내야 해요. 조종간*을 다루며 적기가 나타나면 공격이나 방어를 하고, 목숨이 위험한 상황이 생기면 전투기로부터 탈출을 시도해야 하지요. 이

◉ 조종간이란 항공기의 방향을 조종하는 막대 모양의 장치나 그 장치의 손잡이를 뜻해요.

비행 전 비행 장비를 착용하는 조종사의 모습이에요!

때 상의와 하의가 하나로 붙은 원피스 형태의 조종복은 조종사가 조종석에 앉아서 해야 하는 모든 일을 방해받지 않도록 해 줘요. 그리고 여기저기에 주머니가 있어 비행 중 필요한 작은 물품들을 보관하고 휴대할 수 있게 해 주지요. 그뿐만이 아니에요. 조종복은 불이 잘 붙지 않는 내화 소재로 되어 있어 화재가 발생할 경우에 조종사의 몸을 보호하는 역할도 해요.

조종복은 보통 사람들에게도 익숙한 옷이에요. 공군 조종사라고 하면 누구나 진녹색의 조종복을 떠올릴 만큼 우리에게는 공군 조종사의 상징처럼 느껴지는 옷이지요. 하지만 공군 조종사에게는 이 조종복이 단순히 공군 조종사임을 나타내기 위한 옷이 아니에요. 이처럼 비행할 때 조종사의 편의를 돕고 신체를 보호해 주는 등 여러 가지 기능을 하는 고마운 옷이지요.

비행이 시작되면, 공군 조종사는 이 조종복 위에 헬멧, 산소 호흡기, 낙하산, 중력을 견딜 수 있게 해 주는 G 슈트 같은 비행 장비를 착용해요. 비행 장비는 비행 중 맡은 일을 해낼 수 있도록 도와줄 뿐만 아니라 목숨까지 지켜 주는 것들이지요. 비행 중에 발생하는 여러 가지 신체적 문제를 견디게 하고, 혹시라도 생길 수 있는 위험으로부터 조종사의 목숨을 지켜 주는 장비들이랍니다.

하늘로 날아오르는 조종사는 항공기와 한 몸이 돼요. 보고, 듣고, 말할 뿐만 아니라 숨 쉬는 것까지 모두 항공기와 함께하지요. 이때 조종사의 눈과 입, 귀가 되는 것이 바로 헬멧이에요.

조종사의 헬멧에는 많은 장치가 달려 있어요. 첫째, 비행할 때 조종사의 호흡을 도와주는 산소마스크가 기다란 호스로 기체와 연결되어 있어요. 그리고 무선 마이크와 이어폰 등 조종사가 관제사들과 교신할 때 필요한 송수신 장치가 달려 있어요. 또 눈 부신 햇살을 가려 주는 안면 보호용 특수 색안경이 붙어 있지요.

이런 여러 장치들 덕분에 헬멧은 크기에 비해서 많이 무거워요. 머리에 쓰면 고개가 저절로 숙여질 정도이지요. 일반 헬멧처럼 사람의 머리를 보호해 주는 기능 외에도 이처럼 여러 가지 기능을 하는 장치들이 달려 있기 때문이에요.

다음으로 공군 조종사는 비행 중 생기는 중력 가속도를 이겨 내기 위해서 조종복 위에 G 슈트라는 장비를 착용해요. 비행기가 빠르게 앞으로 날아가다가 급하게 좌우로 방향을 틀게 되면 원심력 때문에 엄청난 중력 가속도가 생겨요. 그 중력 가속도를 이겨 내기 위해 입는 옷이 바로 G 슈트지요.

사람은 누구나 '1G'의 중력의 힘을 받고 살아가요. G는 영어 'Gravity'에서 따온 글자로 중력을 표시하는 단위인데, 몸무게가 20킬로그램인 어린이나 100킬로그램의 아주 뚱뚱한 어른이나 모두 땅 위에서는 1G의 중력만을 받지요.

하지만 비행 중에는 중력의 힘이 달라져요. 사람이 평소에 받게 되는

조종사는 항공기와 한 몸이 되어 날아요!

중력의 4배에서 9배까지의 힘을 받게 되어요. 여러 가지 공중 기동에 따라 보통 4G에서 9G의 중력 가속도가 발생해요. 공군 조종사들은 그 중력을 모두 참아 내야 하는데 그것을 견디도록 도와주는 것이 바로 'G 슈트'랍니다.

G 슈트는 비행 중 중력 가속도가 심하게 발생하면 부풀어 올라 조종사의 몸에서 혈액이 다리 쪽으로 쏠리는 것을 막는 역할을 해요.

비행 중 가속도로 인해 피가 다리 쪽으로 쏠리게 되면 뇌의 혈액 공급이 끊어져 갑자기 앞이 보이지 않거나 순식간에 정신을 잃기 쉬워요. 비행 중 조종사가 의식을 잃는다면 아주 위험한 상황이 발생하겠지요. G 슈트는 이렇게 중력 가속도 때문에 조종사가 위험에 빠지는 것을 막아 주는 아주 중요한 장비예요.

그 밖에 공군 조종사는 낙하산과 구명조끼 같은 위험에 대비할 수 있는 장비도 갖춰요. 날아다니던 전투기가 더는 회복할 수 없을 만큼 위기에 빠져 추락할 때 조종사들은 전투기로부터 비상 탈출을 시도해요. 낙하산과 구명조끼는 이렇게 조종사가 공중에서 탈출하거나 바다로 떨어질 때를 대비한 장비예요. 조종사의 생명을 지키는 데 꼭 필요한 최후의 생명줄이나 마찬가지이지요.

힘을 합쳐 날아요

무슨 일이든 사람이 혼자서만 할 수 있는 일은 많지 않아요. 우리가 사는 세상의 많은 일은 보이지 않는 곳에서 수고하는 누군가의 도움과 여러 사람의 협력에 의해 이루어지지요.

가수가 무대 위에서 아름답게 노래를 부르고 있어요. 그 멋진 무대는 가수 혼자만의 힘으로 만들어진 걸까요? 물론 아니에요. 우리에게 잘 보이진 않지만, 그 아름다운 무대 뒤에는 화려하게 무대 장치를 꾸미고, 여러 가지 악기로 반주하고, 색색의 조명을 비추는 많은 사람이 함께하고 있지요. 비행도 마찬가지랍니다.

공군 조종사는 대개 혼자서, 혹은 두 사람이 함께 비행해요. 그런데 항공기가 그렇게 혼자 혹은 단 두 사람의 힘으로만 거침없이 하늘을 날 수 있는 것은 아니에요. 보이지 않는 곳에서 조종사의 완벽하고 안전한 비행을 돕는 많은 분들이 있기 때문이지요. 관제사, 항공 정비사, 기상 대원 등이 바로 그런 분들이에요. 이분들 모두가 안전한 비행을 위해 보이지 않는 곳에서 땀 흘리고 있답니다.

먼저, 관제사는 하늘로 날아가는 항공기에게 길을 안내하고 감시하는 교통경찰 역할을 해요. 공항의 가장 높은 곳인 관제탑에서 일하지요.

어떤 항공기든 비행을 시작하기 전인 비행 준비 단계에서부터 하늘로 날아오르는 이륙, 그리고 지상에 멈춰서는 착륙 단계에 이르기까지 모두

하늘길을 안내하는 관제사들은 하늘의 교통경찰 역할을 해요.

관제사의 통제를 받아야 해요. 하늘에는 여러 비행체가 동시에 날고 있기 때문이지요. 만일 관제소의 안내와 지시를 따르지 않는다면 어떤 일이 일어날까요? 하늘을 날고 있는 다른 비행기 또는 비행 물체와 갑작스럽게 충돌할 수 있겠지요. 그러므로 조종사는 이착륙뿐만 아니라 비행 중에도 수시로 관제 기관과 교신을 주고받아야 한답니다.

공군 조종사에게는 관제사와의 교신이 정말 중요해요. 낮이든 밤이든 나라를 지키기 위해 하늘을 나는 공군 조종사의 영공 수호 비행은 철저하게 관제 기관인 중앙 방공 통제소(MCRC)와의 교신 속에서 이루어지기 때문이에요. 공중에서 작전에 대한 지시를 내리기도 하고, 다음 편대가 어디쯤 오고 있는지, 또 돌아가야 할 시간은 언제인지 알려 주는 등 비행 중인 조종사는 항상 관제사와 함께하지요. 특히 적기가 나타나거나 위급한 상황이 생겨 작전이 이루어질 때는 관제사와 조종사가 한 몸이 되어 함께 움직인답니다.

관제사가 이렇게 하늘로 날아오르는 비행기를 안내하는 분들이라면, 하늘로 날아오르기 전 지상에 멈춰 있는 비행기를 책임지는 분들이 있어요. 바로 항공 정비사예요. 항공 정비사는 항공기의 아픈 곳을 치료해 주고, 또 튼튼하고 안전하게 만들어 주는 분들로 항공기에게는 의사 같은 분들이지요. 비행기는 수천수만 개의 부속품과 나사로 이루어져 있어요. 특히 전투기에는 적의 공격을 막아 내는 미사일이나 포탄 같은 무기들도 달려 있지요. 이렇게 복잡한 구조의 항공기는 작은 부품 하나, 나사 하나라도 잘못되어 있으면 하늘을 날 수 없어요. 아무리 수백억 원, 수천억 원에 달하는 전투기라도 약간의 이상만 생겨도 발이 묶여 쓸모없는 고철 덩어리가 되고 만답니다. 그러므로 어떤 최첨단 항공기라도 하늘을 나느냐 못 나느냐 하는 것은 바로 정비사의 손에 달려 있다고 해도 지나친 말이 아니지요.

한편, 항공 정비사는 항공기를 위해서 뿐만 아니라 조종사의 안전을 위해서도 아주 중요한 분들이에요. 한 번 활주로를 떠난 항공기는 다시 꼭 활주로로 내려와야 멈춰 설 수 있어요. 하늘을 날아다니다 문제가 생긴다고 해도 자동차나 선박처럼 중간에 멈춰 설 수 없는 게 항공기지요. 그러므로 항공기는 하늘로 날아오르기 전에 아무런 이상이 없는지 완벽하게 확인해야 해요.

조종사가 아무리 조종 실력이 뛰어나도 항공 정비가 제대로 되지 않아 항공기에 문제가 생긴다면 조종사는 안전하게 하늘을 날 수 없을 뿐만 아니라 활주로로 다시 돌아오지 못할 수도 있어요. 따라서 조종사의 생명과 안전 역시 항공 정비사에게 달려 있답니다.

날씨에 관한 정보를 수집해서 제공하는 기상 대원들 또한 조종사에게는 아주 중요한 분들이에요. 바람, 안개, 눈, 비 등의 날씨를 분석해서 비행할 수 있는 상황인지, 또 비행할 때 어떤 지역을 조심해야 하는지 알려 주는 분들이지요. 항공 정비사와 마찬가지로 항공기의 이륙을 결정짓는 분들이라고 할 수 있어요.

항공 정비사는 조종사와 비행기의 안전을 책임져요.

비행은 날씨에 아주 민감해요. 그만큼 날씨가 비행에 아주 많은 영향을 미치기 때문이지요. 비행기는 바람을 이용해 날아다니는 물체이지만, 강한 바람은 오히려 정상적인 비행을 불가능하게 만들어요. 만약 활주로에 바람이 거세게 불면 이착륙마저 힘들지요. 그러므로 비행 전에 바람의 세기와 방향을 확인하는 것은 필수랍니다.

또 짙은 안개나 구름도 비행에 나쁜 영향을 미쳐요. 조종사의 시야를 가려 비행을 방해할 뿐만 아니라 비행하는 도중 조종사를 '비행 착각'에 빠뜨리거든요. 비행 착각이란 조종사가 비행의 방향이 위쪽인지 아래쪽인지 구분할 수 없는 상태를 말해요. 비행 착각은 조종사에게는 생명을 위태롭게 하는 가장 위험한 순간이 될 수 있지요. 그러므로 비행을 시작하기 전에는 반드시 시시각각 변하는 기상 정보를 파악해야 하는데, 이렇게 바람이나 안개, 구름 등 매일매일 날씨를 관측하고 분석해 조종사에게 미리 날씨 정보를 제공하는 분들이 바로 기상 대원이에요.

기상 대원은 특히 공군 조종사에게는 없어서는 안 될 분들이에요. 날씨는 항공기의 이착륙뿐만 아니라 작전을 펼치는 데 아주 큰 영향을 미치니까요. 작전을 계획하고 시작하는 일 모두 기상 대원의 정확한 예보 없이는 이루어질 수 없답니다.

공군 조종사를 돕는 또 다른 일꾼, 배트 조!

공군 비행장의 넓은 벌판에는 가끔 탕 탕 탕! 총소리가 울려 퍼져요. 새들을 쫓는 배트 조의 총소리지요.

사람이 비행기를 만들어 낸 것은 새들 때문이었어요. 사람들은 새를 바라보며 하늘을 나는 상상을 했고, 새를 모방해서 비행기를 만들었지요. 하지만 안타깝게도 새들과 비행기는 서로 친한 사이가 아니에요. 비행기는 새들을 아주 싫어해요. 새들이 날아가다가 전투기 엔진에 빨려 들어가서 전투기를 망쳐 놓기 때문이지요. 어느 때는 큰 사고로 이어지기도 한답니다. 배트 조는 바로 이 '비행의 방해꾼'인 새들을 쫓아 조종사의 안전 비행을 돕는 분들이에요.

"가까이 오지 마!" 조종사와 비행기의 안전을 위한 배트 조의 활약

완벽한 준비만이 살길!

속담 중에 '한 번 실수는 병가의 상사'라는 말이 있어요. 전쟁터에서 싸움을 하다 보면 한 번쯤의 실수는 할 수 있다'는 뜻으로, 다른 사람의 실수를 너그럽게 봐줄 때 사용하는 속담이지요. 하지만 이런 속담은 공군 조종사들에게는 통하지 않아요.

공군 조종사에게 실수는 적이나 마찬가지예요. 한 번의 실수로도 적게는 수십억 원 많게는 수천억 원이나 하는 비행기를 망칠 수 있고, 자칫하면 조종사 자신의 목숨까지 위태롭게 만들 수 있기 때문이지요. 그러므로 조종사는 이런 우리 속담 대신에 '노 익스큐즈(No excuse)!'라는 말을 좋아한답니다. 이 말은 공군 조종사들이 비행할 때마다 자주 사용하는 말로, 실수는 절대 안 된다는 것을 대신하는 말이에요. 공군 조종사의 실수는 조종사 자신의 목숨과 나라의 재산, 그리고 국민의 안전을 위협할 수도 있기 때문이지요.

그렇다면 공군 조종사는 비행 중에 실수하지 않기 위해 어떤 노력을 할까요? 공군 조종사는 사소한 실수도 하지 않는 완벽한 비행을 위해, 비행 전은 물론이고, 비행을 마친 후에도 우리가 생각할 수 없을 만큼 많은 노력을 기울인답니다.

어떤 일을 할 때 실수를 하지 않는 가장 좋은 방법은 무엇일까요? 그것은 바로 그 일에 대해서 미리 계획하고 준비하는 거예요.

힘들고 복잡한 일일수록 시작하기 전에 꼼꼼하게 계획하고 준비하면 실수도 막을 뿐만 아니라 자신 있게 일을 잘 해낼 수 있지요. 비행도 마찬가지랍니다.

공군 조종사는 비행 전날부터 몸과 마음의 준비를 시작해요. 비행을 앞둔 조종사는 최소 8시간 동안 휴식을 해야 해요. 몸과 마음이 안정되어야 안전하게 비행할 수 있기 때문이지요.

또 조종사는 비행하기 12시간 전부터는 술을 마셔도 안 돼요. 감기약도 비행 군의관의 처방을 받고 복용해야 한답니다. 비행에 영향을 주는 성분이 들어 있을 수도 있으니까요.

심지어는 부부 싸움도 안 돼요. 만약 비행 전에 부부 싸움을 했다면 아내가 부대에 남편의 비행 취소를 건의할 수 있어요. '저의 남편의 마음이 불안하니 비행을 취소해 주세요.' 하고 '사랑의 전화'를 할 수 있답니다. 비행에 조금이라도 방해가 되는 것은 모두 금지해 실수 없이 완벽하고 안전한 비행을 하려는 것이지요.

실제 비행이 있는 날이 되면 더 철저한 준비가 이루어져요. 조종사는 비행 2시간 전부터 본격적인 비행 준비에 들어가요. 건강과 심리 상태를 먼저 확인하고 날씨는 어떤지, 비행 절차는 어떤지, 하늘에 올라가 어떤 임무를 해야 하는지, 위기 상황이 발생하면 또 어떻게 대처해야 하는지 등 모든 것을 꼼꼼하게 점검하지요.

공군 조종사는 보통 혼자서 혹은 두 사람이 함께 비행해요. 최첨단 전

비행에 앞서 지휘관이 비행의 임무, 목적, 요령 등에 대해 미리 설명해요!

비행 전 반드시 건강을 체크해요!

투기 조종석에 앉아 복잡한 계기판을 바라보며 조종간을 다루고, 수시로 관제소와 통신을 하지요. 그리고 적기가 나타나면 목숨을 건 전투까지 해내요.

그리고 일단 비행을 시작한 다음에는 구름 속에서 방향을 잃거나 비행기에 갑작스럽게 문제가 생기는 등 조종사가 미처 생각지 못한 상황에 부딪혔을 때도 모든 것을 스스로 해결해야 해요. 그뿐만이 아니에요. 맡은 일을 해낸 다음에는 무슨 일이 있더라도 활주로로 안전하게 다시 내려와야 해요.

조종사가 비행 전 꼼꼼하게 준비하고 계획하는 것은 이렇게 누구의 도움도 받기 어려운 하늘에서 복잡한 임무를 실수 없이 완벽하게 해내고 안전하게 돌아오기 위해서예요.

완벽한 비행을 위한 노력은 비행이 끝난 다음에도 이어져요. 비행이 끝난 다음에도 그날의 비행을 뒤돌아보고 기록해야 해요. 비행 중에 일어난 모든 것을 기록하고 분석해서 다음에 더 나은 비행을 위한 자료로 삼기 위해서랍니다.

세 번째   생생 공군 조종사 이야기

공군 조종사란
직업에 대한 모든 것

✈ 날지 않는 하늘의 전사

여기는 호동이 집이에요. 호동이 가족은 부대 안 가족들이 모여 함께 생활하는 관사에 살고 있어요. 호동이 아빠가 공군 조종사이기 때문이지요. 호동이 엄마가 아침부터 호동이를 돌보며, 음식을 준비하느라 진땀을 뻘뻘 흘리고 있었어요. 바로 오늘이 호동이의 돌잔치 날이거든요. 호동이 아빠가 비상 훈련으로 며칠째 집을 비우자 호동이 엄마 혼자 이리 뛰고 저리 뛰는 중이었어요.

"으아앙!"

혼자 놀던 호동이가 울음을 터뜨렸어요. 집안을 여기저기 아장아장 걸어 다니다가 넘어져 엉덩방아를 찧은 거예요.

"아이고 이 녀석이!"

호동이 엄마가 재빨리 음식 만드는 일을 멈추고 달려와 호동이를 안아 주었어요.

얼른 호동이를 업고 달래는 사이, 딩동! 하고 벨이 울렸어요.

"누구세요?"

호동이 엄마가 얼른 현관으로 나가 보니, 다름 아닌 이웃 아주머니들이었어요.

"오늘이 호동이 돌잔치 날이라고 해서 좀 도와주러 왔어요."

아주머니들이 생긋 미소를 지으며 들이닥쳤어요.

"고마워요. 아이는 울고 음식은 만들어야 하고 이 일 저 일을 혼자 하느라 정신이 없었는데……."

이웃 아주머니들 덕분에 일손을 덜게 된 호동이 엄마가 고마우면서도 아주 다행스러운 표정을 지었어요.

이웃 아주머니들은 호동이네 집에 무슨 일이 생기면 언제나 먼저 달려와요. 관사에 옹기종기 모여 사는 이웃 아주머니들은 기쁜 일이든 슬픈 일이든 모두 팔을 걷어붙이고 나서지요. 호동이 엄마처럼 조종사를 남편으로 둔 이웃 아주머니들은 조종사 아내의 처지를 누구보다 잘 알기 때문이에요.

아주머니들이 나타나자 치이익! 전 부치는 소리, 딸그락딸그락 설거지 소리, 따닥따닥 채소 써는 소리로 호동이네 부엌이 시끌벅적 전쟁터가 되었어요.

"그런데 호동이 엄마, 며칠째 부대가 비상이니 호동이 아빠가 아이 돌잔치를 함께할 수 있으려나 모르겠네요."

위층 아주머니가 음식을 만들다 말고 걱정스러운 표정으로 호동이 엄마에게 물었어요.

"아이 돌잔치는 참석 못 해도 좋으니 비행 잘 마치고 무사히 돌아왔으면 좋겠어요."

"그래도 섭섭하지 않겠어요?"

이번엔 옆집 아주머니가 물었어요.

"좀 섭섭하기는 하지만, 조종사 남편과 살다 보니 저도 이런 일쯤은 아무렇지 않게 혼자 해낼 수 있게 되었지요. 지난번 이곳으로 이사 올 때도 남편이 비상에 걸려서 짐 싸는 것도 저 혼자서 했었다니까요. 이제는 남편 없이도 집안일은 물론 아이 키우는 일, 이사하는 일 모두 혼자서 척척 해내는 집안의 전사가 되었답니다."

호동이 엄마가 아주 씩씩한 표정으로 말했어요.

"말도 말아요, 우리 집은 어떻고. 글쎄, 우리 남편은 아이가 태어나던 날에도 집에 못 왔었어요."

아래층 아주머니도 맞장구를 쳤어요.

"그뿐만이 아니에요. 며칠 전에는 글쎄 남편에게 화가 나는 일이 있었는데, 한 마디도 못했어요. 남편의 기분이 나빠지면 다음 날 비행하는 데 방해가 될까 봐 부부 싸움도 주말로 미루었다니까요."

아래층 아주머니가 더욱 열을 올리며 말했어요.

"그래서, 어떻게 주말에 부부 싸움은 하셨어요?"

이야기를 듣던 호동이 엄마가 궁금한 표정으로 물었어요.

"싸움이요? 부부 싸움은 다 물거품이 되었지요. 주말이 되기도 전에 화가 다 풀리더라고요."

아주머니들이 모두 웃고 말았어요.

"그러고 보니 이제 우리도 조종사가 다 됐네요!"

아주머니 사이에서도 가장 나이 많은 위층 아주머니가 크게 웃으며 말했어요.

"조종사라니요?"

"아주머니들이 모두 조종사인 남편의 비행에 맞추어 생활하니 조종사가 아니고 뭐겠어요?"

"그러고 보니 조종사의 아내들도 조종사가 맞기는 맞네요. 하늘을 날지 않는 조종사요."

"뭐라고요? 하하하!"

음식 만드는 소리에 아주머니들의 웃음소리가 뒤섞였어요.

"종잇장도 맞들면 낫다는 말이 있잖아요. 목숨을 걸고 나라를 지키는 남편을 위해서 무엇이든 도와야지요."

위층 아주머니 말에 모두 고개를 끄덕였어요.

호동이 엄마와 이웃 아주머니들이 이야기를 나누는 사이 어느덧 호동이의 돌 잔칫상이 한가득 차려졌어요. 그러자 일손을 돕던 이웃 아주머니들도 모두 돌아가고, 호동이 집에는 이제 호동이의 돌을 축하하기 위해 찾아온 친척들이 하나둘씩 모여들기 시작했어요.

시골에 사시는 호동이 할머니는 수수 팥떡에 직접 농사지은 곡식까지 이것저것을 머리에 한가득 이고 오셨어요.

"아이고 귀여운 녀석!"

고모님은 금반지를 사 오셔서 호동이 손에 끼워 주셨어요. 호동이 집은 오랜만에 찾아온 손님들 덕분에 모처럼 시끌벅적 웃음꽃이 한가득 피어났어요.

"그런데, 애비는 아직 오려면 멀었니?"

할머니가 물으셨어요.

"며칠째 비상이에요, 어머니. 호동이 아빠는 오늘 집에 올 수 있을지 모르겠네요."

호동이 엄마가 할머니 얼굴빛을 살피며 대답했어요.

"애 돌잔치도 같이 못 하니 원……. 서운해서 어쩌나."

할머니가 섭섭한 표정을 지으시며 말씀하셨어요.

호동이 엄마는 돌잔치를 하는 동안 아빠의 몫까지 모두 척척 해내며, 호동이 돌잔치를 무사히 끝냈어요.

저녁 무렵이 되었어요. 시끌벅적했던 호동이 집은 다시 조용해졌어요. 친척들도 모두 돌아가고, 어느새 호동이도 지쳐서 잠이 들었어요. 호동이 돌잔치를 하느라 전쟁을 치러야 했던 호동이 엄마도 마침내 한숨을 돌리게 되었지요.

호동이의 돌잔치가 벌어지는 동안 호동이 아빠는 활주로 맨 끝에 있는 비상 대기실에서 비상 대기 근무를 서고 있었어요. 우리의 하늘을 지키기 위한 중요한 임무를 수행 중이었지요.

비상 대기실은 언제 무슨 일이 벌어질지 몰라 조종사들이 24시간 대기하는 곳이에요. 한반도에 긴급한 일이 생기면 언제든 바로 비상 출격을 하는 곳이랍니다.

호동이 아빠는 며칠째 비상 대기실에서 다른 조종사들과 번갈아 밤을 지새우고 있었어요. 식사도 재빨리 해야 하고, 잠도 간이침대에서 잠깐 눈을 붙이는 정도로 자고 일어나야 했어요. 그러나 호동이 아빠는 공군 조종사로서 비상 대기 근무를 설 때마다 피곤하다는 생각보다 자랑스러운 마음이 더 컸어요. 나라의 안보를 어깨에 짊어지고 있다고 생각하면 힘든 것도 잊을 수 있었지요.

'이 일은 아무나 할 수 있는 일이 아니지. 다른 사람이 아닌 내가 할 수 있다는 건 자랑스러운 일이야.'

호동이 아빠는 며칠째 이어지는 비상근무로 몸은 힘들었지만, 나라를 생각하자 마음이 뿌듯해졌어요.

저녁 무렵이 되었어요. 드디어 작전이 끝나고 비상도 해제되었어요. 조금 전까지 우르릉 쌔앵 쌔앵! 부대를 흔들어 놓던 전투기들의 뜨고 내리는 소리도 잠잠해졌어요.

호동이 아빠가 건물을 나섰어요. 그리고 드디어 차에 올라 관사로 향했어요. 멀리 관사가 보이기 시작했어요. 관사 앞에는 여러 명의 아이들이 놀고 있었어요.

　차가 멈추자 호동이 아빠가 동료 조종사 아저씨들과 함께 차에서 내렸어요. 그때 멀리서 놀던 아이들이 아저씨들을 보고는 우르르 달려오기 시작했어요.

　"저기, 우리 아빠다!"

　"아니야, 우리 아빠야!"

　"딱 보면 우리 아빤데 무슨 소리야!"

　아이들은 진녹색 조종복의 아저씨들이 나타나자 모두 자신의 아빠라고 우기기 시작했어요.

　이 동네의 아빠들은 늘 똑같은 진녹색의 조종복을 입고 있어서 멀리서 보면 모두 다 똑같은 아빠들이었기 때문이지요.

　"이 녀석들 잘 놀았냐?"

　조종사 아저씨들은 달려오는 아이들을 두 팔 벌려 모두 안아 주었어요. 아이들 역시 진짜 자신의 아빠든 아니든 조종사 아저씨들에게 꼭 안겼어요. 호동이 아빠도 아이들 손을 잡아 주었어요.

　그때 멀리 관사 창 너머로 호동이 엄마가 이 모습을 바라보고 있었어요. 온종일 가슴 졸이며 기다리던 호동이 엄마의 얼굴에 그제야 미소가 번졌어요.

공군 조종사의
장점과 단점

자긍심이 넘쳐요, 공군 조종사!

공군 조종사는 왜 좋은 직업일까요? 공군 조종사는 장점이 아주 많은 직업이에요.

공군 조종사의 첫 번째 장점은 그 어떤 직업을 가진 사람보다도 자부심과 긍지가 넘친다는 점이에요. 자부심과 긍지란 무엇일까요? 자부심이란 자기 자신 또는 자신이 하는 일에 대하여 당당하고 자랑스럽게 여기는 마음을 말해요. 쉽게 말해서 자신이 하는 일을 자랑스럽게 생각하고, 또 소중하게 여기는 마음을 뜻하지요. 그리고 긍지 역시 자신의 능력을 믿으면서 갖게 되는 당당함을 뜻하는 말이에요.

이 세상에 공군 조종사들처럼 자신이 하는 일에 자부심과 긍지, 즉 자긍심을 갖는 사람들도 없을 거예요. 우리나라의 하늘을 지킨다는 사실은 공군 조종사들에게 아주 강한 자부심을 느끼게 해요. 그뿐만 아니에요. 또

나라를 지키는 데 스스로가 큰 힘이 되고 있으며, 이 일은 자신이 아니면 안 된다는 생각은 커다란 긍지를 갖게 하지요. 그러므로 직업에 대한 자긍심은 공군 조종사들에게는 무엇과도 바꿀 수 없는 아주 소중한 마음이에요.

공군 조종사들은 적이 우리나라를 위협하는 긴급한 상황이 벌어졌을 때 서슴지 않고 하늘로 날아올라요. 그리고 나라를 위해서라면 언제든 목숨을 바칠 각오가 되어 있지요.

그렇다면 공군 조종사들이 이렇게 나라를 위해 희생하고 헌신할 수 있는 이유는 무엇일까요? 이것 역시 바로 공군 조종사들 스스로 나라를 지키는 전투 조종사라는 사실에 강한 자부심과 긍지를 가지고 있기 때문이랍니다.

다음으로 공군 조종사의 또 다른 장점은 많은 사람에게 인정받는 항공 분야의 전문가라는 점이에요. 항공기는 보통 사람들이 이해하기 매우 어려운 복잡한 회로와 기계적 작동 원리에 의해 움직이는 물체예요. 그러므로 비행을 잘하기 위해서는 단지 조종 방법만을 익혀서 되는 것이 아니에요. 항공기나 비행에 관련된 복잡하고 어려운 다양한 지식을 이해하고 알고 있어야 하지요.

조종사는 비행하는 동안 좁은 공간 안에서 많은 일을 해내요. 관제소와 수시로 소통해 가며 지시에 따라야 해요. 그리고 비행 도중 심한 날씨 변화나 난기류 등으로 인해 예상치 못한 상황이 발생했을 때는 모든 상황을 판단하고 대처해야 하지요.

그런데 비행하는 동안 조종사가 이렇게 복잡한 임무나 어려운 상황을 제대로 처리해 낼 수 있는 것은 항공기를 조종하고 장비를 조작하는 기술뿐만 아니라 항공이나 우주 등 첨단 과학의 원리나 지식을 전문적으로 갖추고 있기 때문이에요. 따라서 조종사가 되었다는 것은 항공 분야의 전문가가 된 것과 마찬가지예요.

특히 공군 조종사는 항공 분야 종사자 가운데서도 가장 뛰어난 항공 전문가라고 할 수 있어요. 공군 조종사는 '조종사 중의 조종사'라고 할 정도로 오랜 시간 훈련이 쌓인 숙련된 조종사예요. 하늘을 날아가는 단순한 비행뿐 아니라 적이 침투해 오면 적을 막아 내기 위해 여러 가지 전투 기동을 해내거든요. 그러므로 그 어떤 조종사들보다도 조종 기술이 뛰어나고 그만큼 항공 분야의 기술이나 전문 지식도 아주 풍부하게 갖춘 전문가랍니다.

마지막으로 공군 조종사는 자기 일에 대한 만족도가 아주 크다는 장점도 가지고 있어요. 사람들은 대부분 직업을 선택할 때 자신이 좋아하는 일을 직업으로 선택하고 싶어 해요.

하지만 모든 사람이 자신이 좋아하는 일, 자신에게 꼭 맞는 일을 직업으로 선택해 살아가는 것은 아니에요. 많은 사람이 자신이 좋아하지 않거나 자신의 적성에 맞지 않더라도 자신이 중요하게 여기는 가치에 따라서, 또는 각자의 상황에 따라서 좋아하지 않는 직업을 선택하기도 하지요. 자신이 좋아하고 진심으로 하고 싶은 일을 직업으로 선택한 사람은 생각보다 많지 않답니다.

그렇다면 자신이 좋아하는 일을 직업으로 선택한 사람들은 앞에 말한 사람들과 어떻게 다를까요?

물론 자신이 좋아하지 않는 일을 하는 사람들보다 그 일을 진심으로 열심히 할 거예요. 그뿐만 아니라 남들보다 자신이 가진 잠재력이나 능력을 더욱 잘 발휘할 수 있겠지요. 그래서 자신의 분야에서 성공할 가능성도 아주 커지고요.

공군 조종사들은 대부분 하늘을 날며 나라를 지킨다는 사실에 아주 만족해요. 그리고 자신이 하는 일에 큰 보람을 느끼지요. 그 이유는 자신의 꿈에 도전하고 꿈을 이루어 가는 노력과 과정들이 한편으로는 나라를 지키는 데 커다란 힘이 되고 있기 때문이에요.

공군 조종사 대부분은 어린 시절부터 조종사가 되겠다는 꿈을 꾸어 온 사람들이에요. 그러므로 그 어떤 것보다 비행을 사랑하지요. 그런데 이렇게 자신이 좋아하고 잘할 수 있는 일이 심지어 우리나라의 안전과 평화를 지키는 데 크나큰 도움이 된다는 점은 공군 조종사의 빼놓을 수 없는 장점이랍니다.

어렵고 힘든 점도 있어요

공군 조종사는 훌륭하고 멋진 직업이지만 단점도 있어요. 아무리 좋은 직업이라도 힘든 점은 꼭 있기 마련이지요.

공군 조종사의 첫 번째 단점은 어떤 직업보다도 강인한 체력과 정신이 필요하다는 점이에요. 비행할 때는 아주 강한 집중력이 필요해요. 또 잠시도 긴장을 늦춰선 안 돼요. 강한 집중력을 갖기 위해서, 또 지구력을 갖기 위해서는 운동으로 단련된 튼튼한 몸과 강인한 체력도 필요하고요. 따라서 공군 조종사들은 훈련 외에도 꾸준한 운동으로 체력과 정신을 단련해야 해요.

공군 조종사의 하루는 24시간 내내 비행에 맞춰진다고 해도 지나친 말이 아니에요. 매일같이 비행해야 하고, 비행하지 않는 날에도 비상 호출에 대기해야 하지요.

어느 때는 휴일에도 비행단을 떠날 수 없을 때가 많아요. 1년 365일을 비행 준비와 훈련, 대기로 보내는 경우가 대부분이에요. 그러므로 공군 조종사들의 생활은 다른 직업을 가진 사람들에 비해서 시간이 자유롭지 못한 편이에요.

또 공군 조종사는 군인이기 때문에 명령에 복종해야 해요. 상관이나 지휘관의 명령에 잘 따라야 하고, 전쟁이 일어나면 명령에 따라 목숨까지도 바칠 수 있어야 해요. 부대 생활도 물론 명령에 따라 이루어져요.

공군 조종사는 보통 다른 직업 군인들과 마찬가지로 한 기지나 부대에서 2년에서 3년 정도 근무를 하고 다른 부대로 근무지를 옮기는 '전출'을 가야 해요. 그러므로 가족들도 따라 함께 자주 이사를 해야 하지요. 잦은 이사는 정든 이웃과 헤어지는 일이기도 하니 공군 조종사와 그의 가족들에게는 아쉬운 부분이에요.

공군 조종사 가족들은 대개 기지 내 관사에서 모여 살아요. 부대 안에서 서로 이웃이 되어 살다 보니 공군 조종사는 공군 조종사대로, 가족들은 가족들대로 서로 가깝게 정을 나누며 생활해요.

공군 조종사는 이웃 선후배 조종사들과 일상 속에서 서로 어려운 점이나 고민을 수시로 나누어요. 그렇게 지내다 보니 서로 간에 이해심도 깊어지고요. 동료들 사이에 이렇게 친밀한 관계는 나중에 뛰어난 팀워크를 만들어 작전이나 훈련에도 아주 긍정적인 영향을 미친답니다.

가족들 또한 이웃과 한 가족처럼 지내요. 유치원이나 초등학교에 다니는 아이들은 평소에 늘 함께 놀며 즐겁게 지내고, 아내들은 집안의 큰일 작은 일, 기쁜 일이나 슬픈 일 모두 함께 나누며 살지요. 휴가 때면 다른 가족들과 함께 여행을 다니기도 하고요. 그러므로 이렇게 한 가족처럼 가까이 지내던 이웃과 헤어지는 일은 공군 조종사나 가족 모두에게 당연히 섭섭한 일일 수밖에 없어요.

그러나 잦은 이사가 꼭 나쁜 것만은 아니에요. 새로운 지역의 사람들을 만나 여러 가지 추억을 쌓을 수 있고, 또 다양한 지역의 문화를 경험할 수

모처럼 쉬는 날을 맞아 즐거운 시간을 보내는 공군 조종사 가족이에요.

있는 장점도 있어요.

 가끔은 다른 부대에서 함께했던 이웃을 다른 지역에서 다시 만나게 될 때도 있는데, 그때는 이별했던 가족을 다시 만나게 된 것 같은 기쁨을 느끼기도 한답니다.

 공군 조종사와 그 가족이 겪어야 하는 어려움은 이것 외에도 여러 가지가 있어요. 그중 가장 큰 어려움은 안전에 대한 걱정을 늘 안고 살아가야 한다는 거예요.

 전투기 사고는 쉽게 일어나지는 않지만, 사고가 한 번 일어나게 되면 조종사의 생명을 위협하는 큰 사고로 이어질 수 있어요. 그래서 특히 조종사 가족들은 조종사의 안전을 늘 걱정하며 살아갈 수밖에 없지요.

 하지만 다행스럽게도 최근에는 이런 가족들의 걱정을 많이 덜게 되었어요. 항공 기술이 발달하면서 위험한 상황이 닥치더라도 조종사들이 탈출할 수 있는 장치들이 항공기에 마련되어 목숨을 건질 수 있는 확률이 아주 높아졌거든요.

 공군 조종사 가족 가운데서도 특히 아내들이 겪는 어려움이 가장 커요. 공군 조종사는 나라를 지키는 군인이기 때문에 비상 대기, 야간 비행, 부대 업무 등으로 밤늦게 돌아오거나 집을 비우는 날이 많아요. 집에 있는 날도 다음 날의 비행을 위해서 몸과 마음의 휴식과 안정이 필요할 때가 많지요.

 그러므로 집안일이나 육아, 이사 등 대부분의 집안일이 자연스럽게 아

공군 조종사 가족들은 크고 작은 여러 일들을 함께 나누어요.

내의 차지가 되기 쉬워요. 조종사의 아내들은 남편 없이 출산을 하기도 하고, 아이들 돌이나 가족의 생일잔치는 물론 이사 등 집안의 큰일들을 혼자 해야 하는 경우도 생긴답니다. 그 어떤 직업보다도 아내의 이해가 필요한 직업이 공군 조종사라고 할 수 있지요.

만약 이와 반대로 아내가 공군 조종사라면, 마찬가지로 남편의 적극적인 도움과 공군 조종사라는 직업에 대한 이해가 필요하고요.

공군 조종사는 이렇게 가족들의 많은 도움과 배려, 이해가 필요한 직업이에요. 자기 자신뿐만 아니라 가족까지도 나라를 위한 희생과 헌신이 따르는 직업이 바로 공군 조종사예요.

네 번째 생생 공군 조종사 이야기

공군 조종사를 꿈꾸는 친구들에게

✈ 보라매가 되었어요

민국이 삼촌은 하늘을 날며 나라를 지키는 보라매예요. 보라매는 공군에서 공군 조종사를 부르는 말이지요. 민국이는 보라매 삼촌을 누구보다 자랑스럽게 생각해요. 진녹색 조종복을 입고 빨간마후라를 맨 삼촌을 볼 때면 그 모습이 얼마나 멋진지 넋을 잃고 만답니다.

그런데 민국이가 삼촌을 더 멋지게 생각하게 된 이야기가 있어요. 그건 바로 삼촌이 공군사관학교에서 온갖 어려움을 이겨 내고 마침내 조종사가 된 이야기지요.

삼촌이 공군사관학교에 첫발을 들여놓았을 때였어요. 삼촌은 정식으로 사관생도가 되는 '입교식' 날 파란색 제복을 입고 하얀 깃털이 치솟은 모자를 쓰자 날개라도 단 듯 금방 하늘로 날아오를 것 같았지요.

그러나 삼촌의 그런 기분은 오래가지 않았어요. 곧 눈앞이 캄캄해지고 말았답니다. 이미 각오는 했지만, 사관생도가 된다는 것은 삼촌이 상상했던 것보다 훨씬 더 힘든 일이었어요.

"이 메추리들! 이렇게 작은 날갯짓으로는 어림없어! 푸드덕거리며 땅 위에서만 맴돌다간 영영 날지 못할 거야."

삼촌은 사관학교 교정에 발을 들여놓자마자 선배 생도들 앞에서 메추리가 되고 말았어요. 선배 생도들은 새내기 생도들을 메추리처럼 작고 어린 새로 여겼어요. 시도 때도 없이 불러 세웠지요. 후배들의 조그만 잘못이나 실수에도 호랑이처럼 으르렁대며 꾸짖었어요. 선배 생도들이 무섭고 엄하게 구는 이유는 후배 생도들을 잘 지도하고 이끌어 가기 위해서였어요.

삼촌은 새내기 생도가 되기 전 이미 사관생도가 된다는 것이 어떤 건지 조금은 알고 있었어요. 입교식을 치르기 전에 4주 동안 제식 훈련, 총검술, 사격, 각개 전투, 산악 행군 등 군인이 되기 위한 기초 훈련을 미리 받앉었거든요.

훈련을 받는 동안 삼촌의 마음속에는 '각오는 했지만, 사관생도란 정말 힘든 일이구나!' 하는 걱정이 슬며시 고개를 들었어요.

그런데 가입교 훈련˚을 끝내고 정식으로 생도가 되자 실제 사관생도의 생활은 생각했던 것보다 훨씬 더 힘들다는 것을 다시 한번 깨닫게 되었어요. 공부와 함께 훈련을 해 나가기도 힘든데, 생도 생활마저 아주 엄격하기만 했으니까요.

그러나 힘들기만 하던 사관학교 생활도 학년이 높아지면서는 조금씩 나아졌어요. 사관학교 제복의 어깨에 달린 견장˚에 학년을 표시하는 세로줄이 하나씩 더 그어질 때마다 삼촌은 점점 더 씩씩한 생도가 되어 갔어요. 공부는 물론 힘든 훈련도 동시에 잘 해내고, 선배들의 무서운 꾸짖음도 잘 견딜 수 있게 되었지요. 보라매가 되기 위한 날갯짓을 배울 만큼 점점 강해졌답니다.

삼촌은 2학년이 되자 행글라이더를 배우게 되었어요. 드디어 처음으로 하늘을 날아 보던 날이었어요.

"너무 무섭고 겁나."

다른 생도들과 함께 무거운 행글라이더 장비를 짊어지고 산꼭대기까지 올라가는 삼촌의 어깨가 잔뜩 움츠러들었어요.

◉ 가입교 훈련이란 사관학교에 입학하기 전에 받는 훈련이에요.
◉ 견장이란 군인이나 경찰의 제복 어깨에 붙이는 것으로 견장을 통해 직위나 계급을 알아볼 수 있어요.

"처음에는 두렵지만, 막상 날아 보면 괜찮을 거야."

뒤에서 따라오던 동료 생도가 걱정이 가득해 보이는 삼촌을 위로해 주었어요.

드디어 산꼭대기에 도착했어요. 생도들이 하나둘 차례로 날아가고 마침내 삼촌이 날아갈 순서가 되었어요.

삼촌은 얼른 행글라이더 날개를 펼치고 가운데에 있는 삼각대의 바를 꼭 잡았어요. 그러고는 배운 대로 물 위를 발로 차면서 내달리는 기러기처럼 산 아래로 발길질을 하며 내달렸어요. 그러자 순간 온몸이 행글라이더와 함께 부우웅! 날아올랐어요.

삼촌을 실은 행글라이더는 곧 바람을 타고 점점 멀리, 점점 높이 날아올랐어요. 잠시 후 행글라이더에 몸을 맡긴 삼촌이 감았던 눈을 조심스레 떴어요.

삼촌의 발아래로 아름다운 세상이 펼쳐지고 있었어요. 주위는 아주 고요했고, 귓가로 바람 소리만이 스쳐 지나갔어요. 삼촌의 두려움은 어느새 바람과 함께 사라지고 없었어요.

'하늘을 난다는 게 이렇게 멋지구나!'

삼촌은 행글라이더로 날아 보면서 새처럼 하늘을 나는 기쁨이 어떤 것인지 비로소 알게 되었어요.

3학년이 되자 이제는 직접 항공기를 타고 날 수 있게 되었어요. 조종 교관이 조종하는 항공기에 탑승하여 실제 비행이 어떻게 이루어지는지 체험하고 관찰하는 체험 비행을 하게 된 것이지요.

삼촌이 떨리는 마음으로 조종석 옆에 앉자 항공기가 출발했고, 드디어 공중으로 떠올랐어요. 점점 땅으로부터 멀어지자 삼촌은 겁이 조금 나기도 했지요. 그런데 조금 더 날아갈 때였어요. 항공기가 갑자기 막 뒤집힐 것처럼 흔들거렸어요.

"어? 왜 이러지!"

삼촌이 놀라서 소리쳤어요.

마치 놀이기구를 탄 듯이 온몸이 이리저리 쏠리자 머리가 어지럽고 속도 메스꺼웠어요.

"비행한다는 건 이런 거다! 비행이란 자동차처럼 바닥에 닿아 달리는 이차원의 세계가 아니라 바로 이렇게 위로도, 옆으로도, 아래로도, 그리고 거꾸로도 날 수 있는 삼차원의 세계야. 알겠어?"

조종 교관은 삼촌의 얼굴을 힐끗 보더니, 기다렸다는 듯이 엄한 목소리로 말했어요.

하늘을 나는 것이 어떤 것인지 조금씩 알게 된 삼촌은 이제 정말 온몸으로 하늘을 나는 훈련을 하게 되었어요. 여러 명이 한꺼번에 수송기에 올라 공중에서 뛰어내리는 공수 훈련도 받게 되었지요.

삼촌은 여러 생도와 함께 수송기에 올라탔어요. 수송기는 생도들을 싣고 뛰어내리기에 알맞은 높이로 점점 날아올랐어요. 낙하할 때가 되자 생도들 모두 교관의 말에 따라 낙하산을 점검하고 수송기의 옆문이 열리기를 기다렸어요.

삼촌은 이번에도 조금 두려운 마음이 들었지만, 용기를 내어 뛰어내리기로 했어요.

'하늘과 친해지지 않고는 조종사가 될 수 없어!'

이렇게 날갯짓을 조금씩 배운 삼촌이 본격적으로 하늘을 훨훨 날 수 있게 된 건 공군사관학교를 졸업한 뒤부터였어요.

"이제부터 여러분들은 세 단계의 훈련을 마쳐야 진짜 전투 조종사가 되는 거다! 비행 훈련 중에서 어느 단계 하나라도 합격하지 못하면 짐을 싸야 해!"

비행 교육을 맡은 조종 교관이 아주 무섭게 소리쳤어요.

삼촌은 드디어 본격적으로 비행 훈련을 받는 학생 조종사가 되었어요. 훈련이 시작되자 조종 교관은 먼저 영어로 된 두꺼운 책들을 학생 조종사들에게 던져 주었어요. 비행 이론이 빼곡하게 적힌 책이었어요.

"앞으로 훈련기의 엔진 시동이라도 걸어 보려면 이 책을 모두 통째로 외워야 해. 비행기에 오르기 전 비행 절차를 달달 외워서 누가 툭 건드리기만 해도 줄줄 말할 수 있어야 한다! 알겠어?"

삼촌은 조종 교관의 말대로 영어로 된 두꺼운 책들을 밤새워 공부하고 또 외웠어요. 그리고 드디어 훈련기에 올라 처음으로 비행기를 조종해 보게 되었어요.

훈련기에 시동이 걸리자 계기판에 불이 반짝였어요. 삼촌은 조종 교관

이 가르쳐 준 대로 훈련기 조종을 따라 해 보았어요. 그런데 비행기가 하늘을 날기 시작할 무렵이었어요. 어떻게 된 일인지 비행기가 기우뚱하며 날아가는 것이었어요. 그러자 머릿속이 백지장처럼 하얘졌어요. 그동안 공부한 내용은 하나도 생각이 나지 않고 조종석의 계기판도 잘 보이지 않았어요.

갑자기 겁이 난 삼촌이 옆을 힐끗 보았어요. 그러자 옆에 앉은 교관 조종사의 얼굴이 험상궂은 표정으로 바뀌어 있었어요.

교관 조종사는 얼른 조종간을 잡고 훈련기를 착륙시켰어요.

"지금부터 오리걸음 실시!"

훈련기가 활주로에 내려앉자 교관 조종사가 몹시 화가 난 목소리로 소리쳤어요. 삼촌은 다리를 절룩거리며 오리걸음을 걷고 또 걸어야 했어요.

비행 훈련은 날이 갈수록 점점 더 힘들고 어려워졌어요. 더 빠른 비행기를 조종하는 훈련이 계속됐어요. 그때마다 교관 조종사의 꾸지람이나 벌도 더욱 엄하고 심해졌어요.

"낙하산 메고! 활주로 열 바퀴 돌아!"

혹시라도 비행 중 실수를 하게 되면 어김없이 화가 난 교관 조종사의 목소리가 활주로에 쩌렁쩌렁 울려 퍼졌어요.

"비행할 때 실수 하면 절대 안 돼! 제대로 해내지 못하면 목숨까지 위험해진다. 알겠어?"

교관 조종사가 호되게 꾸지람을 했어요.

삼촌 역시 비행 훈련을 받다 보니 비행기 조종은 완벽하게 해내지 않으면 안 되는 일이라는 것을 깨닫게 되었어요. 조그만 실수나 잘못도 자칫하면 목숨을 잃을 만큼 큰 사고로 번질 수 있기 때문이었어요.

교관 조종사가 작은 실수에도 학생 조종사들을 엄하게 야단치고 벌을 주는 것은 이유가 있었어요. 바로 학생 조종사들이 위험에 빠지는 것을 막기 위해서였지요.

교관 조종사의 명령대로 커다란 낙하산을 등에 메자 삼촌은 거북이 모양이 되었어요. 삼촌은 동화 '토끼와 거북이'에 나오는 거북이처럼 땀을 흘리며 활주로를 돌고 또 돌았어요. 나중에는 어깨와 다리가 너무 아파 곧 쓰러질 지경이었어요.

'너무 힘들어. 조종사가 되는 걸 그만두고 싶어.'

활주로를 돌던 삼촌의 눈에서 곧 눈물이 쏟아질 것 같았어요. 하지만 삼촌은 마음을 다시 굳게 먹었어요.

'여기까지 힘들게 왔는데 그만둬서는 안 돼. 땀과 눈물을 흘리지 않고서는 어떤 꿈도 이룰 수 없어.'

삼촌은 다시 용기를 내어 도전하기로 했어요.

그리고 드디어 비행 교육이 모두 끝나고 수료식 날이 되었어요.

"모두 축하해! 우리가 드디어 해냈어!"

삼촌은 비행 교육 과정을 무사히 마친 학생 조종사들과 서로 악수를 하고 어깨를 부둥켜안았어요. 아기 새였던 삼촌이 마침내 자랑스러운 보라매가 된 거예요.

아기 새 한 마리가 있었어요. 알에서 막 깨어난 아기 새는 처음부터 날 수 없어요. 어미 새에게 날갯짓을 배워야 비로소 날 수 있지요.

어미 새가 갑자기 갓 태어난 아기 새를 둥지 밖으로 떨어뜨렸어요. 아기 새에게 날갯짓을 가르치려고 일부러 밀어 떨어뜨린 거예요. 그러자 깜짝 놀란 아기 새가 바닥으로 떨어지며 푸드덕푸드덕 날갯짓을 했어요. 아기 새는 비로소 날갯짓하는 법을 알게 되었어요.

며칠 후 아기 새는 어미 새를 따라 둥지 밖으로 조금씩 날아 보기 시작

했어요. 어미 새와 함께 첫째 날은 이만큼, 다음 날에는 저만큼 멀리 날아갔다가 둥지로 돌아오곤 했어요. 아기 새는 점점 더 잘 날 수 있게 되었어요. 그리고 마침내 어느 날 어미 새 없이 혼자서도 아주 멀리 훨훨 날 수 있게 되었지요.

어미 새에게 날갯짓을 조금씩 배워 마침내 혼자서도 훨훨 날 수 있게 된 아기 새처럼, 삼촌도 보라매가 되어 비로소 하늘을 훨훨 날아갈 수 있게 되었어요.

마지막으로 삼촌이 보라매가 된 것을 축하하는 행사가 열렸어요. 공군 참모총장님께서 비행 교육을 무사히 통과한 학생 조종사들에게 빨간마후라를 목에 걸어 주었어요.

삼촌의 목에도 빨간마후라가 매어졌어요. 빨간마후라는 그동안 삼촌이 흘린 피와 땀과 눈물을 잘 알고 있다는 듯 삼촌의 목에서 반짝반짝 빛났어요.

대한민국 공군 조종사의 상징, 빨간마후라!

비행 교육을 무사히 마치고 정식으로 공군 조종사가 되면 조종사들은 목에 빨간마후라를 둘러요.

이런 노래를 들어 본 적이 있나요?

"빨간마후라는 하늘의 사나이, 하늘의 사나이는 빨간마후라, 빨간마후라를 목에 두르고 구름 따라 흐른다, 나도 흐른다."

이 노래는 〈빨간마후라〉라는 군가예요. 이 노래는 1964년 신상옥 감독님이 연출했던 영화 〈빨간마후라〉의 주제가로 많은 사람에게 알려진 노래이지요.

이 노래 가사처럼 빨간마후라는 대한민국 공군 조종사들의 전통이자 상징이에요. 대한민국 공군 조종사라면 누구나 목에 빨간마후라를 두르고 있어요.

그렇다면 대한민국 공군 조종사들은 왜 빨간마후라 목에 걸게 되었을까요?

공군 조종사들이 빨간마후라 매기 시작한 것은 6·25 전쟁 때부터였어요. 민족의 비극이었던 전쟁 당시 강릉 기지에서 활약하셨던 김영환 장군님(당시 대령)이 형수(초대 공군참모총장 김정렬 장군 부인)인 이희재 여사님이 자주색 천으로 만들어 준 마후라를 착용하면서부터 시작되었다고 해요.

그 후, 1964년 전투 조종사를 주제로 만들어진 영화 〈빨간마후라〉가 국민들에게 큰 인기를 얻게 되면서 빨간마후라가 공군 조종사의 상징이 되었고, 그때부터 공군에서는 비행 교육 과정을 수료한 조종사들에게 항공기를 조종할 수 있는 자격을 뜻하는 배지인 조종 흉장과 함께 참모총장님이 직접 빨간마후라를 수여하는 전통이 생겼답니다.

공군에서는 지금도 비행을 배우는 학생 조종사들이 비행 교육 과정을 모두 마치고 나면 공군참모총장님이 직접 빨간마후라를 목에 걸어 주어요. 학생 조종사들은 빨간마후라를 목에 걸면서 공군 조종사가 된 것을 자랑스럽게 생각하고, 또

\# 공군의 상징인 빨간마후라를 매고 있는 조종사들

나라를 잘 지키겠다는 다짐을 하지요.

빨간색은 보통 뜨거운 마음, 다른 말로 열정을 나타내는 색이에요. 그러므로 빨간색이 지니고 있는 열정처럼 뜨거운 마음으로 나라를 지키고 나라를 사랑하겠다는 마음이 담긴 것이 빨간마후라랍니다.

어떻게 하면 공군 조종사가 될 수 있나요?

이것만은 갖춰야 해요

우리가 미래에 어떤 직업을 가지고 싶은지 꿈꿀 때, 그 직업의 특성은 어떤지 그리고 그 직업이 나의 적성과 맞는지에 대해 미리 알아보는 것은 아주 중요해요.

내가 원하는 직업을 선택하기 전에 무엇을 준비해야 하는지, 무엇을 잘해야 하는지, 어떤 소질이 있어야 하는지 안다면, 우리가 그 꿈에 좀 더 가까이 다가갈 수 있기 때문이지요.

공군 조종사는 항공기 조종사이자 군인이에요. 전문적이고 특수한 직업군에 속하지요. 그렇다면 공군 조종사가 되려면 어떤 점들을 갖춰야 할까요?

첫째로, 공군 조종사가 되기 위해서는 무엇보다도 하늘에 잘 적응할 수 있는 '공간 지각력'이 꼭 필요해요.

공간 지각력은 사물이 공간 속에서 어떤 모양을 하고 있는지, 사물의 거리나 크기, 위치는 어떤지, 어떻게 변화하고 어떤 방향으로 움직이는지 파악하는 능력을 말해요.

공군 조종사는 삼차원 공간인 하늘을 자유롭게 날아야 해요. 하늘에서의 움직임은 우리가 사는 땅 위의 움직임과 아주 다르지요. 그러므로 사물과 공간을 입체적으로 이해하는 공간 지각력은 공군 조종사가 되기 위해 꼭 갖추어야 할 인지 능력 중 하나예요.

둘째로, 공군 조종사가 되기를 꿈꾼다면, 기계나 항공, 우주에 관한 지식을 배우는 데 흥미를 느끼고, 용기를 갖고 새로운 세계에 도전하는 자세도 필요해요.

공군 조종사는 실제로 비행하기까지 수많은 비행 훈련을 해야 할 뿐만 아니라 그만큼 수많은 지식도 쌓아야 해요. 비행에 필요한 항공과 우주에 대한 지식을 폭넓게 공부해야 하지요. 복잡한 기계 구조로 되어 있는 항공기를 누구보다 더 잘 이해하고 정확하게 잘 다루기 위해서예요.

실제로 공군사관학교에서 공군 조종사를 지망하는 생도들은 항공 우주 공학이나 전자 통신 공학, 기계 공학, 시스템 공학 등과 같은 공학 중심의 교육을 받는답니다. 그러므로 공군 조종사가 되고 싶다면, 먼저 자신이 공학과 관련된 지식에 흥미가 있는지 알아보아야 해요.

또 하늘에 대한 호기심과 우주에 대한 상상력도 공군 조종사가 되는 데 도움이 돼요. 하늘은 우리에게 새롭고 낯선 공간이자, 끝없이 열린 세계이자, 도전의 세계니까요.

셋째로, 공군 조종사가 되려면, 나라를 사랑하는 마음과 나라를 지키는 데 있어서 희생까지 감수할 수 있는 군인 정신이 필요해요.

공군 조종사는 민간 항공기의 조종사와 달리 조종사이기 전에 나라를 지키는 군인이에요. 그러므로 나라와 군대에 몸 바쳐 일할 마음의 준비가 되어 있어야 하지요.

조종사는 어떤 직업보다도 자유로움을 느낄 수 있는 직업이에요. 새처럼 하늘을 난다는 것은 사람에게 끝없는 자유로움을 느끼게 해 주는 일이니까요. 하지만 공군 조종사는 하늘을 나는 자유로움 속에서도 나라를 지키는 책임과 의무를 다해야 해요.

한 명의 숙련된 조종사를 키워 내는 데는 수십억 원 또는 그 이상의 비용이 들어요. 어떤 경우에는 비행기 한 대의 가격과 맞먹는 비용이 들기도 한답니다. 공군 조종사는 이렇게 국가가 막대한 비용을 들여 탄생시키는 것이지요.

그런데 국가가 이처럼 모든 비용을 부담하면서도 계속해 공군 조종사를 길러 내는 이유는 무엇일까요? 바로 나라와 국민을 위해서예요. 나라를 튼튼하게 지켜서 국민이 마음 놓고 생활하도록 하려는 것이지요. 그러므로 공군 조종사들은 언제 어디서나 나라를 지키기 위해 최선을 다해야 한답니다.

네 번째로, 공군 조종사가 되기 위해서는 무엇보다도 건강한 신체가 뒷

받침되어야 해요. 흔히 공군 조종사를 극한 직업이라고도 해요. 육체적, 정신적으로 많은 것을 견뎌야 하기 때문이에요. 높은 하늘에서 빠른 속도로 날아가는 비행은 체력이 튼튼하고 강인하지 않으면 해낼 수 없어요. 여기에 힘든 비행 훈련을 이겨 내기 위해서는 강한 정신력도 필요하지요. 그러므로 건강한 신체는 공군 조종사가 되기 위해서 반드시 갖추어야 할 조건이에요.

마지막으로 영어 실력도 갖춰야 해요. 조종사는 이륙 준비, 이륙, 비행, 착륙 모든 단계마다 관제소와 교신을 해요. 관제소와의 짧고 명료한 교신은 조종사에게 아주 중요해요. 그래서 교신 내용 대부분이 짧고 간단한 영어로 이루어지지요.

만약 비행 중 교신 내용을 잘못 이해한다면 어떤 일이 벌어질까요? 교신이 잘못되면 이륙이나 착륙 등 비행 중에 엄청난 사고로 이어질 수도 있겠지요. 따라서 영어 실력을 쌓는 것도 꼭 필요하답니다.

탐색해 보아요! 항공 우주의 세계

항공 우주 세계에 관심이 있나요? 그렇다면 어린이들과 청소년들을 위한 항공 우주 과학 행사인 '스페이스 챌린지'에 도전해 보세요.

스페이스 챌린지는 항공 우주에 관심이 있거나 흥미를 가지고 있는 어린 친구들이 실제 체험을 통해 항공 우주의 세계를 탐색해 볼 수 있는 기회예요.

자유 비행(고무 동력, 글라이더)과 동력 비행(유·무선 조종, 무선 헬기, 무선 글라이더, 물 로켓 종목), 2017년부터 본선 정식 종목에 추가된 실내 드론 정밀 조종, 실내 드론 레이싱, 폼포드 전동 비행기 등 다양한 비행 종목을 통해 항공 우주 분야에 대한 기초 지식을 겨루는 대회이지요.

항공 우주 세계를 경험해 볼 수 있어요!

스페이스 챌린지는 1979년 '공군참모총장배 모형 항공기 대회'로 시작되었어요. 대한민국 공군에서 하늘을 꿈꾸고, 항공 우주 세계에 도전하고 싶은 청소년들을 위해 오래전부터 마련한 행사이지요. 이 모형 항공기 대회는 2009년 '스페이스 챌린지'로 명칭이 변경되었어요. 최근에는 어린이들과 청소년들에게 하늘과 우주를 향한 꿈을 심어 주고, 어른들에게는 항공 우주 세계를 널리 알리는 국내 최대 규모의 항공 우주 축제가 되었지요.

스페이스 챌린지는 해마다 먼저 지역별로 예선을 거친 후, 공군사관학교에서 마지막 본선을 겨루게 되어요. 예선 및 본선 대회가 열리는 날은 항공 우주에 관한 경연뿐만 아니라 다양한 행사가 마련되어 있어요. 대회가 열리는 공군 각 부대와 기지에서는 대회 참가자와 가족들에게 부대를 개방해 의장대 공연, 블랙이글스 에어쇼와 같은 볼거리를 제공하는가 하면, 항공기 시뮬레이터 체험, 수송기 탑승 등 체험도 할 수 있어 모든 국민이 즐길 수 있는 항공 우주 과학 축제랍니다.

공군 조종사가 되려면 어떻게 해야 할까요?

항공기 조종사에는 군 조종사, 운송용 조종사, 사업용 조종사, 자가용 조종사 등이 있어요. 조종사는 비행기의 종류나 하는 일에 따라 여러 분야로 나누어져요. 이처럼 여러 방면에서 일하고 있는 조종사 가운데서도 공군 조종사는 최고의 비행 실력과 비행 경력을 가지고 있답니다. 그렇다면 우리나라에서 최고 조종사로 인정받는 공군 조종사가 되려면 어떻게 해야 할까요?

우리나라에서 공군 조종사가 되는 방법은 세 가지가 있어요. 그 가운데 첫 번째는 공군사관학교에 진학하는 거예요. 공군 조종사가 되는 가장 빠른 지름길이지요. 공군사관학교는 현재 우리나라를 위해 일하고 있는 공군 조종사를 가장 많이 배출해 낸 교육 기관이에요.

공군사관학교에 입교해 4년 동안 학업과 훈련을 마치게 되면 조종사가 될 수 있는 길이 열려요. 졸업과 동시에 공군 장교가 되어 비행 교육을 받을 수 있는 자격을 얻게 되지요. 그런데 한 가지 주의해야 할 것은 공군사관학교에 진학한다고 해서 무조건 조종사가 되는 것은 아니라는 사실이에요. 정밀 신체검사 등 여러 가지 평가를 통해 비행 훈련이 가능한 조종 학생으로 선정되어야만 비행 교육을 받을 수 있답니다.

그러나 조종사가 되기 위한 기준에 미치지 못한다고 하더라도 실망할 필요는 없어요. 공군사관학교에는 조종사가 아니더라도 항공 관련 분야의 전문가로 성장할 기회가 다양하게 열려 있어요.

다음으로 공군 조종사가 되는 두 번째 길은 학군 사관후보생(ROTC) 과정을 밟는 거예요. 이 제도는 우수한 대학생을 선발한 뒤, 2년 동안 군사 지식을 쌓게 하고 군사 훈련을 받게 하여 졸업과 동시에 장교로 임관*하는 제도예요.

현재 우리나라에서 공군 학군 장교 과정을 밟을 수 있는 곳은 한국항공대학교와 한서대학교, 그리고 한국교통대학교예요. 이곳에서 1, 2학년 재학 중 학군 장교 과정에 지원해 선발되면 학업과 군사 훈련을 함께해 나가는 학군 단원으로 생활하게 돼요. 선발된 학군 단원에게는 육군이나 해군의 학군 장교 과정처럼 전액 장학금을 받는 혜택도 주어져요. 학군 단원은 졸업과 동시에 공군 소위로 임관하게 되며, 이 가운데 항공 운항과 출신들에게는 비행 훈련을 받을 기회가 주어지지요.

마지막으로 공군 조종사가 될 수 있는 세 번째 방법은 공군 조종 장학생이 되는 것이에요. 이 제도는 가장 최근에 만들어진 조종사 양성 과정으로, 4년제 대학의 1학년부터 3학년 학생까지 지원할 수 있어요. 공군 조종 장학생으로 선발되면, 선발 이후부터 졸업할 때까지 전액 장학금을 받게 돼요. 졸업하면 15주 동안의 학군 사관후보생 훈련을 받고 소위로 임관하게 되며, 비행 훈련을 받을 기회를 얻게 되지요.

● 임관이란 사관생도나 사관후보생이 장교로 임명되는 것을 말해요.

공군사관학교에 진학하여, 입교식을 하는 생도들의 모습이에요.

지금까지 소개한 이 세 가지 방법 중 하나로 공군 장교가 되고 나면, 본격적으로 비행기 조종을 배울 수 있어요.

공군 조종사가 되기 위해 비행 교육을 받는 예비 조종사들을 보통 학생 조종사라고 불러요. 학생 조종사들은 모두 2년에 걸쳐 입문, 기본, 고등 과정이라는 3단계의 비행 훈련을 받게 되지요.

입문 과정은 비행의 기본 절차를 배우는 시기예요. 3개월 동안 정해진 과목에 맞춰 비행하며 비행의 기초적인 것을 하나하나 배워요. 입문 과정을 마칠 때가 되면, 항공기에 혼자 타서 스스로 지상 활주부터 이륙, 공중 조작, 착륙까지 모든 것을 혼자 해내는 단독 비행이 가능해진답니다.

기본 과정은 입문 과정의 3배인 9개월에 걸쳐서 이루어져요. 비행 교육의 내용도 입문 과정에서 배우고 훈련한 것과는 비교할 수 없을 정도로 어려워져요. 비행 고도 역시 1만 4,000피트, 그러니까 지상에서 약 5킬로미터 높이까지 올라가고 비행 속도도 몇 배로 빨라져요.

고등 비행 과정은 마지막 단계로, 8개월에 걸쳐서 이루어져요. 실제 전투기와 같은 초음속 항공기를 조종하며 공중 특수 기동이나 전술 비행 같은 몹시 어려운 조종 기술을 익히는 단계예요.

학생 조종사가 정식으로 공군 조종사가 되기 위해서는 이 3단계의 비행 교육을 모두 통과해야 해요. 만약 어느 한 단계라도 통과하지 못하면 조종사가 될 수 없어요. 그러므로 공군 조종사가 되었다는 것은 2년 동안의 비행 교육을 모두 잘 마쳤다는 것을 뜻하지요.

여자도 조종사가 될 수 있어요!

요즘은 여학생 가운데도 조종사를 꿈꾸는 친구들이 많아요. 오늘날에는 과거와는 달리 여성도 조종사가 될 수 있어요. 신체적으로 건강한 여성이라면 누구든 조종사가 될 수 있지요.

과거에는 직업에도 남녀의 구분이 있었어요. 남자가 할 수 있는 일과 여자가 할 수 있는 일이 따로 있었고, 성적인 차별과 제한이 심했지요. 하지만 오늘날은 그렇지 않아요. 전통적으로 남자들만이 할 수 있는 일들로 생각되던 직업들도 여성들에게 문이 활짝 열려 있지요. 경찰관, 군인, 중장비 기사, 운전기사 등 과거에는 남자들이 했던 일들이지만 지금은 여성들도 많은 활약을 하고 있답니다.

그렇다면 여성 공군 조종사가 될 수 있는 길은 무엇일까요? 바로 그것은 남성과 똑같이 공군사관학교에 진학하는 거예요. 공군사관학교에 진학해서 정규 과정을 수료한 뒤 비행 훈련을 받게 되면 누구나 공군 조종사가 될 수 있어요.

공군사관학교는 과거에 남학생만 진학할 수 있었어요. 그런데 1997년부터 여학생도 입학할 수 있게 되었지요. 1949년 개교한 공군사관학교는 육, 해, 공군사관학교 중 가장 먼저 여학생들에게 문을 활짝 열었어요.

그때 첫 입교를 했던 여자 생도들은 공군사관학교를 졸업하여 2001년부터 비행 교육 과정을 밟기 시작했어요. 그 가운데 박지연 소령님, 박지

"대한민국 최초로 여성 전투 비행 대장이 되었어요!"
왼쪽부터 박지원 소령님, 박지연 소령님, 하정미 소령님이에요.

원 소령님, 편보라 소령님(당시 중위)이 전투 조종사가 되었고, 장세진 소령님, 한정원 소령님(당시 중위) 두 분은 수송기 조종사가 되었지요.

여성도 노력하면 공군 조종사가 될 수 있다는 사실이 알려지면서 많은 여학생의 도전이 이어지고 있어요. 여성도 남성 못지않게 멋지게 하늘을 날 수 있다는 자신감과 용기를 갖게 되었지요. 지금 공군에는 여러 명의 공사 출신 여성 조종사가 전투기나 수송기 조종사로 활약하고 있어요.

한편, 우리나라에는 6·25 전후에도 여군 조종사가 될 수 있는 제도가 있었다고 해요. 일제 강점기에 활약했던 권기옥, 박경원, 이정희 등의 여성 비행사들이 바로 우리나라의 여군 조종사의 길을 열어 놓았답니다.

공군이 창설되기 바로 전 1949년 2월 15일 우리나라에 처음으로 여군 조종사 양성 기관인 '여자 항공 교육대'가 만들어졌어요. 이 여자 항공 교육대의 창설을 주도한 분이 바로 이정희 대위님이었어요. 일제 강점기 시절 남성들도 해내기 힘든 항공 분야에 뛰어들어 여류 비행사의 길을 개척한 이정희 대위님은 당시 중위로 군대에 뛰어들어 여자 항공 교육대의 창설을 주도했답니다.

이 여자 항공 교육대는 처음에는 육군 항공 사령부 소속이었다고 해요. 하지만 1949년 10월 1일 공군이 창설되자 여자 항공 교육대는 '여자 항공대'로 명칭이 바뀌며 공군 최초의 여군 부대가 되었어요.

제1기생 15명의 여자 항공병은 이등병으로 입대했는데, 여학교 5~6학년 재학생 중 학교장 추천과 선발 시험을 통해 최종 선발되었으며, 1950년

2월과 4월에 걸쳐 학과 시험을 통과한 39명이 2기생으로 선발되었답니다. 이 여자 항공병들은 남자들과 같은 복장을 하고 똑같은 환경 속에서 똑같은 훈련과 교육을 받았다고 해요.

그러나 아쉽게도 이 여자 항공대는 오래 지속되지 못했어요. 이정희 대위님이 한국 전쟁 발발 직후 실종되었고, 1954년 10월 김경오 대위님마저 전역하여 여군 운영이 중단되었지요. 그때 중단했던 여군 조종사의 길이 다시 열린 것은 앞에서 보았듯 2001년부터였어요. 이때부터 여학생에게도 장교로 임관할 수 있는 길이 열린 것이지요.

현재 공군 조종사들 가운데 여군 조종사들의 숫자가 적은 것은 사실이에요. 하지만 여군 조종사들은 남자들 못지않게 많은 일을 해내고 있어요. 일제 강점기와 6·25 전쟁 전후 활약했던 선배 여성 조종사들의 전통과 명예를 이어 가면서 한편으로는 나라를 위해 온몸을 바쳐 일하고 있지요.

최근에는 마침내 여성 전투 비행 대장이 탄생하기도 했어요. 2017년 대한민국 공군 역사상 처음으로 박지원 소령님(공사 49기), 박지연 소령님(공사 49기), 하정미 소령님(공사 50기) 이 3명의 여성 전투 조종사가 전투 비행 대장이 되었어요. 비행 대대의 작전과 훈련을 감독하고 전반적인 업무를 총괄하는 부 지휘관이 되어, 공군 지휘관으로서도 많은 활약을 하게 되었답니다.

대한민국 조종사의 등용문, 공군사관학교를 소개합니다!

공군사관학교는 충청북도 청주시 상당구 남일면에 자리 잡고 있어요. 대한민국의 하늘을 드높이는 으뜸 인재 양성이 목표인 곳이지요. 공군사관학교에 가면 건물 높은 곳에 이런 글귀가 새겨져 있답니다.

"배우고 익혀서 몸과 마음을 조국과 하늘에 바친다."

공군사관학교의 교훈이에요. 이 교훈처럼 공군사관학교는 나라를 위해 봉사하고 헌신할 인재를 양성하는 곳이지요.

그렇다면 이곳에 입학하면 무엇을 배울까요?

공군사관학교에서 배우는 과목은 일반 대학과 크게 다르지 않아요. 항공 우주나 기계에 관한 과목들을 주로 배우게 되는데, 졸업하면 일반 대학 졸업자들처럼 이학사, 문학사, 공학사 학위를 받게 되지요.

\# 자신과의 엄격한 약속으로 공군 조종사를 꿈꾸는 사관생도들

한 가지, 일반 대학과 크게 다른 점은 군사 교육과 군사 훈련을 받는다는 것이에요. 그래서 졸업할 때 공군사관생도들은 일반 전공 학위와 군사 학위, 즉 두 개의 학사 학위를 받게 되지요.

그렇다면, 이곳에서의 생활은 어떨까요?

사관학교는 아주 엄격하고 절제된 생활을 하는 곳이에요. 앞으로 군대를 이끌어 갈 장교를 길러 내는 곳이기 때문이에요. 그러므로 생활이나 학업, 훈련에 있어서 동기생, 선후배, 그리고 훈육관이 한마음이 되어 서로 도와주고 협력하며 생활하지요.

또 공군사관학교의 생활은 무엇보다 명예와 깊이 관련되어 있어요. 공군사관학교에서의 명예는 사회에 봉사하고 나라에 충성하는 생도로서 어떤 상황에서도 부끄러움 없이 자랑스럽게 행동하겠다는 자신과의 약속을 말하지요.

사관생도로서의 명예는 제복과 생활 곳곳에 깃들어 있어요. 공군사관생도는 하늘을 상징하는 푸른색의 제복을 입고, 겨울철에는 어깨 위에 망토도 두르지요. 이런 제복을 입는 것은 단순히 멋지게 보이기 위함이 아니라 제복에 어울리는 말과 행동을 하기 위함이에요.

또 이곳에서는 시험도 명예 시험을 치러요. 시험 감독자 없이 생도 스스로 양심에 따라 시험 보는 것을 말하지요. 이 밖에 자신이 잘못한 일이 있으면 스스로 고백하고 벌을 받는 제도도 있어요. 모두 사관생도로서의 명예를 위해서 말이에요.

사관생도는 이렇게 명예를 목숨처럼 소중하게 생각해요. 공군사관생도들은 명예에 살고 명예에 죽는다는 말이 있을 정도니까요.

다섯 번째 생생 공군 조종사 이야기

역사 속의 대한민국 공군

딘 헤스 대령님과 6·25 전쟁고아 수송 작전

  6·25 전쟁 때, 우리나라를 돕기 위해 한국에 온 참전 용사 가운데 미군 조종사 딘 헤스 대령님(당시 계급은 중령)이라는 분이 계셨어요.

  1950년 12월 어느 날, 헤스 대령님에게 아주 걱정스러운 소식이 들려왔어요. 중공군이 물밀 듯이 밀고 내려와 서울이 곧 함락되고 말 거라는 이야기였어요. 이 소식을 가지고 온 사람은 헤스 대령님의 친구인 공군 군목 러셀 블레이스델 대령님(당시 계급은 중령)이었어요.

  "헤스, 서울에 있는 중앙 고아원으로 아이들을 더 보내지 말게."

  "무슨 말이야?"

◎ 군목이란 각 부대에서 군인들의 종교, 신앙생활을 돕는 목사를 말해요.

6·25 전쟁 당시 '전쟁고아 수송 작전(Operation Kiddy Car)'을 벌였던 딘 헤스 대령님(1917~2015)이에요.

헤스 대령님이 블레이스델 대령님의 말에 깜짝 놀라서 물었어요. 그러자 블레이스델 대령님이 대답했어요.

"서울이 함락되기 시작했어. 서울이 함락되면 더 이상 고아원에서 아이들을 돌볼 수 없게 될 걸세. 고아원 자체가 해체되고 말 거야."

블레이스델 대령님에게 소식을 듣게 되자, 헤스 대령님의 표정이 어두워졌어요. 다시 갈 곳 없이 거리를 헤매게 될 고아들의 모습이 떠올랐던 거예요.

6·25 전쟁이 일어나자마자 한국에 온 헤스 대령님은 우리나라를 돕기 위해 여러 일을 했어요. 한국 조종사들을 훈련시키고 북한군을 막아 내기 위한 작전도 참여했어요. 그리고 또 한 가지, 전쟁고아들을 정성껏 돌보았지요.

6·25 전쟁이 터지자 우리나라에는 수많은 전쟁고아가 생겨났어요. 피난을 가다가 부모와 헤어지거나 북한군의 폭격으로 부모를 잃은 아이들이 거리를 헤매기 시작했어요.

언제나 전쟁 중 가장 고통을 당하는 건 아이들이었어요. 6·25 전쟁 때도 마찬가지였어요. 부모를 잃은 작고 여린 어린아이들이 거리를 헤매며 굶주림과 추위에 시달렸어요.

헤스 대령님은 이렇게 거리를 떠도는 전쟁고아들을 돌보기 시작했어요. 서울에 고아원을 만들 수 있도록 적극적으로 도운 다음, 거리를 헤매는 아이들을 그곳으로 보냈어요. 그리고 돈이나 옷이나 먹을 것이 생기면 아이들을 위해 고아원으로 계속 보내 주었어요.

'우리가 승리를 목표로 전쟁을 하고 있지만, 어린아이들이 다 없어진다면 승리가 무슨 의미가 있겠는가?'

헤스 대령님의 마음속엔 이런 생각이 가득 차 있었어요.

헤스 대령님은 본래 목사가 되려고 했었어요. 그런데 제2차 세계 대전이 일어나자, 공군 조종사가 된 것이지요. 헤스 대령님이 제2차 세계 대전에 참전해서 독일군과 싸우던 어느 날이었어요. 헤스 대령님은 뜻하지 않게 가슴 속에 크나큰 상처를 입고 말았어요.

비행기로 적을 공격하던 중이었어요. 그런데 폭탄의 투하 조종 장치가 잘못되어 목표물이 아닌 벽돌 건물을 공격하는 실수를 하고 말았어요. 나중에 알고 보니 폭탄을 투하했던 그 벽돌 건물은 아이들을 맡아 돌보는 탁아소였어요. 자신의 실수로 아이들이 희생되었던 거예요.

그 일 후, 헤스 대령님은 아이들에 대한 죄의식을 떨쳐 버릴 수 없었어요. 한국에서 전쟁고아들을 돌보기 시작한 것은 평소에 아이들을 누구보다 사랑했던 데다가, 이처럼 아이들에 대한 미안한 마음이 가슴 속 깊이 남아 있었기 때문이었어요.

그런데 이런 헤스 대령님에게 블레이스델 대령님이 전해 준 소식은 그야말로 날벼락이었어요. 북한군이 서울까지 밀고 내려와 더 이상 서울 고아원에서 아이들을 돌볼 수 없다는 말에 헤스 대령님은 눈앞이 캄캄해지고 말았어요.

"아, 이 일을 어떡하지. 이대로 두면 고아원에서 생활하는 아이들이 다시 거리로 나가 위험해질 텐데."

헤스 대령님은 걱정에 휩싸였어요. 아이들을 그대로 두면, 고아원에서 흩어져 다시 갈 곳을 잃고 거리를 헤맬 뿐만 아니라 위험에 빠질 게 뻔했어요.

그런데 잠시 뒤였어요. 아무 말 없이 어두운 얼굴로 앉아 있던 헤스 대령님이 갑자기 입을 열었어요.

"블레이스델, 좋은 생각이 있어. 아이들을 제주도로 보내는 거야."

헤스 대령님이 흥분한 목소리로 말했어요.

"제주도는 공산군의 위험으로부터 멀리 떨어져 있는 곳이야. 아이들을 돌봐주기에 충분해!"

좋은 생각이라도 해낸 듯 아주 기쁜 얼굴로 말했어요.

"그렇긴 하지만, 갑자기 아이들을 제주도로 보내자고?"

블레이스델 대령님은 갑작스러운 말에 어리둥절했어요.

"제주도는 좀 거친 곳이기는 하지만, 오갈 데 없는 아이들을 모아 돌봐 주기에는 딱 알맞은 곳일세. 그곳엔 우리 장병들도 주둔하고 있어."

"자네가 기막힌 생각을 해냈군."

갑작스러운 제안에 놀란 표정을 짓던 블레이스델 대령님도 결국 고개를 끄덕이고 말았어요.

"지금 바로 실행해야겠어. 생각하고 말고 할 시간이 없어. 이대로 있다가는 아이들을 영원히 잃어버릴 것 같아."

헤스 대령님은 제주도 생각이 떠오르자 마음이 급해졌어요.

"그런데, 그 많은 아이들을 어떻게 제주도로 보내지?"

아이들을 구해야 한다는 생각에 서두르던 헤스 대령님에게 이제 또 다른 고민거리가 생겼어요. 제주도는 아이들을 실어 나르기에는 너무 먼 곳인 데다 고아의 수도 셀 수 없이 많았기 때문이에요.

"자네에게 부탁해야겠네."

헤스 대령님이 궁리 끝에 블레이스델 대령님에게 말했어요.

"자네가 서울에서 트럭을 구해 주게. 그리고 트럭에 아이들을 싣고 인천항까지 수송해 주게. 그러면 한국 해군에 배를 마련해 달라고 부탁해서 우리가 아이들을 배에 태워 제주도까지 보내겠네. 그러면 그동안 제주도에 있는 우리 장병들이 아이들이 안전하게 지낼 수 있도록 미리 준비해 놓을 거야."

"그래. 트럭을 구하는 것쯤이야 내가 쉽게 할 수 있는 일이지."

블레이스델 대령님도 적극적으로 나서기로 했어요. 그러고는 계획대로 인천항까지 아이들을 실어 나를 트럭을 구하기 위해 곧 돌아갔어요.

헤스 대령님은 인천에서 제주도까지 고아들을 실어 나를 해군 함정을 알아보기 시작했어요. 그리고 제주도로 부하들을 보내 아이들을 돌볼 준비도 해 나갔어요. 해군의 함정을 마련하기 위해서는 수십 번의 노력 끝에 아주 힘겹게 연락이 닿았어요.

12월 20일, 드디어 아이들이 인천항에서 제주도로 출발하는 날이 되었어요. 인천항에 도착한 아이들은 살갗을 파고드는 매서운 추위에 오들오들 떨며 배가 도착하기만을 기다렸어요.

아이들은 이미 많이 지쳐 있었어요. 서울에서 인천까지는 아이들에게는 너무 먼 길이었어요. 부둣가에 도착할 때까지 굶주림과 추위를 견디는 것은 어른들도 버티기 힘든 일이었어요. 그래서 인천항까지 오는 동안 몇몇 아이들은 목숨을 잃고 말았어요.

헤스 대령님은 이 고아들이 어서 구해지기를 간절하게 기도하며 기다렸어요. 그런데 이상한 일이었어요. 아무리 기다려도 아이들을 실어 갈 배가 나타나지 않는 것이었어요. 서울이 함락되어 가고 아군은 점점 후퇴하고 있는 상황이라 해군이 함정을 보내기로 한 약속을 지키지 못했던 거예요.

"이대로 포기할 순 없어!"

절망에 빠진 헤스 대령님과 블레이스델 대령님은 어떻게든 아이들을 구해 내려고 다시 궁리하기 시작했어요.

"우리가 가진 C-47 수송기를 이용하는 수밖에 없어."

"하지만 C-47 수송기에는 한 번에 50명에서 60명밖에 태울 수 없어. 그렇게 라면 제주도를 20번은 오가야 할 텐데 어쩌지."

정말 시간이 없었어요.

"그러게 말이네. 그러다 보면 아이들을 모두 구하기도 전에 공산군이들이닥치고 말 거야. 그럼 나머지 아이들은 결국 적군의 손아귀에 들어갈 텐데."

헤스 대령님의 머릿속에 아이들이 공산군에 잡혀가는 끔찍한 장면이 떠올랐어요.

"마지막으로 한번 더 상부에 도와달라고 부탁해 봐야겠어."

절망에 빠진 헤스 대령님은 지푸라기라도 잡는 심정으로 사령부에 마지막으로 도움을 요청했어요. 그리고 블레이스델 대령님은 추위에 떨며 기진맥진한 아이들을 다시 설득하기 시작했어요.

"얘들아, 힘들겠지만 김포공항까지 다시 가야겠구나! 비행장에는 적군의 포탄이 날아올지도 모르니 다들 정신을 바짝 차려야 해, 알겠니? 조금만 더 힘을 내자."

이 말을 들은 아이들은 다시 김포공항으로 발길을 돌렸어요.

다시 인천에서 김포공항까지 오느라 꽁꽁 얼고 피곤함에 지쳐 있던 아이들은 비행장 한구석에 앉아 추위에 떨며 수송기가 나타나기만을 한없이 기다렸어요.

그런데 얼마 후였어요. 기적이 일어났어요. 저 멀리 하늘에서 수송기가 하나둘 보이는 것이었어요.

"아, 드디어 아이들을 구조할 수 있게 됐어!"

수송기가 나타나기를 기도하던 헤스 대령님과 블레이스델 대령님은 감격해 소리쳤어요.

6·25 전쟁 때 딘 헤스 대령님이 조종했던 전투기예요.

딘 헤스 대령님은 전쟁고아의 아버지라고 불렸어요.

곧 C-54 수송기 15대가 착륙할 곳을 찾아 선회하기 시작했어요. C-54 수송기는 C-47 수송기보다 훨씬 큰 수송기였어요. 많은 아이들을 한꺼번에 실어 나를 수 있는 비행기였어요.

C-54 수송기가 착륙하자 아이들이 하나둘 수송기에 오르기 시작했어요. 아이들을 모두 태운 수송기들은 김포 하늘을 차례로 떠나갔어요. 그리고 마지막으로 한 대의 C-47 수송기도 아이들을 실은 채 제주도로 향했어요. 1,000여 명의 아이들이 무사히 구조되는 순간이었어요. 이른바 '전쟁고아 수송 작전(Operation Kiddy Car)'이 성공하는 순간이었답니다.

※ 이 이야기는 헤스 대령님의 자서전 『신념의 조인』에 수록된 내용을 바탕으로 한 것임을 밝힙니다.

✈ 역사 속 비행 이야기

비행기는 어떻게 발달해 왔을까요?

사람이 비행기를 타고 최초로 하늘을 날게 된 것은 1903년의 일이에요. 바로 라이트 형제가 동력 비행에 성공한 때였지요. 그렇다면 사람들은 언제부터 하늘을 나는 꿈을 꾸었을까요?

신화를 보면 사람들이 아주 먼 옛날부터 하늘을 날고 싶어 했다는 사실을 알 수 있어요.

우리나라를 비롯해 아시아나 유럽, 아프리카 등 세계 각국의 신화에는 사람이 하늘을 날아다닌 수많은 이야기가 전해지고 있어요. 그중 고대 그리스의 이카로스 신화가 가장 대표적이지요.

이카로스 신화는 미노스 왕에게 미움을 받아 성에 갇힌 다이달로스가 날개를 만들어 아들 이카로스와 함께 하늘을 날아 탈출한 이야기예요. 이카로스의 날개는 새의 작은 깃털을 밀랍으로 붙이고 큰 털을 묶어서 만든 날개였어요. 이카로스는 이렇게 만든 날개를 달고 하늘 높이 날아올라 성을 빠져나갔어요. 그러나 안타깝게도 곧 추락해 죽고 말았어요. 비행에 성공한 것이 너무 기쁜 나머지 태양에 닿을 정도로 높이 날아올랐기 때문이었어요. 깃털을 붙인 밀랍이 뜨거운 태양 아래 녹아 버려 날개가 없어지고 말았던 것이랍니다.

물론 이카로스 신화는 실제 이야기라기보다 신들의 세계에서나 있을 법한 내용이에요. 새의 깃털로 만든 날개로 하늘을 날았다는 이야기는 현실 세계에서는 있을 수 없는 일이지요. 하지만 이카로스 신화는 우리에게 중요한 사실을 말해 줘요. 고대 사람들이 하늘을 나는 꿈을 꾸고, 또 상상했다는 거예요. 신화는 신들의 이야기지만, 결국 인간이 만들어 낸 이야기니까요.

사람들의 하늘을 나는 상상과 꿈은 신화시대부터 현실이 되기까지 아주 오랜 시간이 걸렸어요. 사람들은 근대에 들어서야 비로소 하늘을 날게 되었지요.

물론 중세 때 화가이자 건축가였던 레오나르도 다빈치가 비행 물체를 구상해 내고, '오니숍터'라는 비행체의 설계도를 완성해 낸 적이 있어요. 하지만 레오나르도 다빈치의 구상과 설계도는 과학적 사고를 바탕으로 한 것임에도 불구하고 안타깝게도 도면으로만 남겨졌을 뿐 실물로는 만들어지지는 않았어요.

비행체가 실제로 만들어지기 시작한 것은 근대에 들어와 과학 기술이

라이트 형제가 비행 실험을 하는 모습이에요.

발달하면서부터였어요. 근대 과학 기술의 발달에 힘입어 수많은 비행체와 하늘을 나는 실험들이 성공하기에 이르지요.

1783년 프랑스의 몽골피에 형제는 열기구를 만들어 동물들을 태워 하늘로 올려보내는 데 성공했어요. 1804년 조지 케일리는 날개를 단 글라이더를 최초로 만들어 냈지요. 1852년 프랑스의 앙리 지파르는 비행선에 증기 기관을 달아서 비행에 성공했어요. 1891년에는 독일의 오토 릴리엔탈이 사람이 탈 수 있는 글라이더를 만들었어요. 등에 지는 글라이더를 이용해 세계 최초로 새처럼 날개를 움직이지 않고도 하늘을 날아가는 활공에 성공했던 거예요.

그런데 지금까지 살펴본 열기구나 비행선, 그리고 글라이더는 새처럼 하늘을 나는 비행과는 거리가 있었어요. 이들은 공기보다 가벼운 물질을 이용해 떠오르거나 바람의 흐름을 타고 움직인 것으로, 비행체 스스로 움직이는 힘으로 나는 것은 아니었어요.

오늘날처럼 공기보다 무거운 물체가 자체적인 추진력에 의해 수평으로 하늘을 나는 비행기를 만든 사람은 바로 라이트 형제였어요. 라이트 형제는 가솔린이라는 에너지를 사용하여 세계 최초의 동력 비행에 성공했어요.

라이트 형제 이후 비행기는 급속히 발달하기 시작했어요. 미국과 프랑스에 이어, 영국, 독일, 이탈리아 등 강대국들이 비행기 개발에 나서고, 동

◉ 활공이란 날개를 움직이지 않고 비행하는 것을 말해요.

아시아에서도 관심이 높아졌어요. 여러 나라에서 비행기를 앞다투어 제작하기 시작했지요.

그리고 더불어 대륙 간을 횡단하기 위해 비행시간이나 비행 거리를 늘리려는 시도도 함께 이루어졌어요.

비행기가 등장했던 초기는 비행기가 구경거리나 오락용이었어요. 그러나 시간이 지나자 사람들은 비행기를 점점 화물을 옮기거나 우편물을 나르는 용도로 우리 삶에 활용하기 시작했어요. 그리고 사람을 실어 나르는 여객용 비행기도 개발하기 시작했지요.

그런데 비행기를 더욱 빠르게 발전시킨 것은 뜻밖에도 제1차 세계 대전과 제2차 세계 대전 같은 전쟁이었어요. 제1차 세계 대전이 일어나자 비행기는 군사적 목적에 이용되기 시작했어요. 유럽의 국가들은 전쟁이 일어나자 처음엔 비행기를 정찰용으로 사용했어요. 그리고 점점 전쟁의 주요 수단으로 확대해 나갔어요. 그래서 제1차 세계 대전 중 유럽의 항공 산업은 라이트 형제의 나라인 미국을 앞지르기도 했지요.

한편, 1930년대부터는 화물을 실어 나르는 상업용 항공기와 사람을 실어 나르는 여객기가 본격적으로 개발되기 시작했어요. 하지만 세계 대전 일어나자 다시 미국을 중심으로 군용 항공기가 대량 생산되었어요. 그래서 미국에서는 군용 항공기 생산으로 항공 산업이 매우 부흥하게 되었어요. 항공 산업의 발달은 여객기와 화물기 같은 상업용 항공기의 발달로 이어졌지요. 전쟁이 끝나자 많은 나라가 군용 항공기에서 상업용 항공기로 눈길을 돌렸기 때문이에요.

 미국을 비롯해 많은 나라가 여객기 개발에 뛰어들면서 1950년대부터는 비행기가 놀라운 발전을 이루었어요. 아주 빠른 속도로 날아다니는 제트 여객기가 개발되면서 짧은 시간 안에 많은 사람들을 먼 나라까지 실어 나르는 항공 교통의 혁명을 이루게 되었지요.

 제트 여객기는 오늘날까지 '더 빨리 더 안전하게'를 외치며 발전을 거듭해 왔어요. 그래서 우리의 삶의 많은 부분을 바꾸어 놓았지요. 아주 먼 나라도 반나절이면 날아갈 수 있을 만큼 나라 사이의 거리를 좁혀 놓았고, 우리나라의 경우 현재 연간 여객 항공 1억 명의 시대가 될 만큼 여객기는 많은 사람에게 친숙한 교통수단이 되었답니다.

 여객기가 발달하는 동안 군용 항공기도 끊임없이 진화했어요. 제트기, 스텔스기, 다목적 전투기 등이 개발되었고, 지금은 사람이 타지 않아도 정찰과 정보 수집을 하고 군사적으로도 활용할 수 있는 무인기 개발도 활발히 진행 중이에요.

우리나라가 서양보다 300년 앞서 하늘을 날았대요!

비행의 역사 가운데 한 가지 놀라운 이야기가 있어요. 조선 시대 정평구라는 무인이 하늘을 나는 수레인 비거(비차)를 만들어 하늘을 날았다는 내용이에요. 만약 이것이 사실이라면, 세계 최초로 비행기를 만든 나라는 라이트 형제의 나라 미국이 아니라 바로 우리나라인 셈이지요. 즉 우리나라가 서양보다 300년이나 앞서 하늘을 날았다는 이야기예요.

공군사관학교에 전시되어 있는 복원된 비거

옛날, 우리나라 하늘에 비거가 날았다는 내용은 옛 문헌 곳곳에서 전해지고 있어요. 대표적으로 조선 시대 실학자 신경준의 〈여암전서〉에는 이런 기록이 있어요. '임진왜란이 일어난 해에 영남의 읍성이 왜적에게 포위되었을 때 어떤 사람이 성의 우두머리에게 비거의 법을 가르쳐, 이것으로 30리 밖으로 날아가게 하였다'는 내용이에요.

이런 내용은 이외에도 우리나라 문헌 여러 곳에 전해지고 있으며, 임진왜란을 기록한 일본 문헌에서도 찾을 수 있어요. 일본에서 편찬된 〈왜사기〉에는 '비거(비차)로 말미암아 왜군이 작전을 전개하는 데 큰 곤욕을 치렀다.'고 기록되어 있답니다. 정말 놀라운 내용이지요.

그렇다면 이 자랑스러운 사실이 왜 그동안 국제적으로 널리 알려지거나 인정받지 못했던 걸까요? 그 이유는 옛 문헌 속에 비거로 하늘을 날았다는 내용만 전해질뿐, 비거의 실물은 물론 설계도조차 남아 있지 않기 때문이에요. 정말 안타까운 일이지요.

다행히 2003년, 이 비거를 복원하려는 시도가 이루어졌어요. 건국대학교 항공우주 공학과에서 고전 자료를 바탕으로 비거를 설계하고 제작했어요. 그리고 한 사람을 태우고 20미터의 절벽에서 약 74미터를 날아가 시험 비행에 성공했어요. 옛 문헌의 기록이 믿을 만한 내용이라는 것을 입증한 셈이지요. 현재 공군사관학교 박물관에는 당시 복원된 비거의 2분의 1 크기의 모형 비거가 전시되어 있답니다.

조선 독립의 희망을 하늘에서 찾다

우리나라의 하늘에는 언제부터 비행기가 날았을까요? 한반도의 하늘에 오늘날과 같은 비행기가 처음 날아오른 것은 1903년 라이트 형제가 동력 비행에 성공한 때로부터 약 10년쯤 뒤였어요. 1913년 4월 3일 서울 용산의 조선군 연병장에서 일본 해군 장교 나라하라 산지가 '오토리호'라는 민간 비행기를 타고 처음으로 우리 하늘을 날았어요. 당시 우리나라가 일제 식민지 지배를 받고 있었기 때문에 한반도의 하늘을 처음으로 비행한 사람이 일본인이었지요.

오토리호는 약 200미터를 날아올라 약 3분 동안 비행을 했어요. 식민지 조선에서 선진 문물을 과시하려는 속셈의 비행 공연이었어요. 일본은 그 후로도 해마다 한반도 하늘에서 비행 공연을 벌였어요. 자신들의 막강한 힘을 보여 주기 위해서였지요.

한편, 그 무렵 우리나라 하늘에서는 또 다른 비행 공연도 펼쳐졌어요. 1917년 5월 미국인 비행사 아트 스미스가 여의도 비행장에서 날아올랐어요. 아트 스미스는 세계를 돌아다니며 비행 공연을 펼치는 곡예 전문 비행사였어요.

여의도 비행장에 몰려든 관중들 앞에서 비행기를 타고 하늘로 날아오른 아트 스미스는 날쌔게 이리저리 날아다니며 온갖 묘기를 펼쳐 보였어요. 그러자 관중들은 환호성을 지르며 손뼉을 쳤어요. 당시는 자동차도 많지 않던 시절이어서 하늘을 나는 비행기의 묘기에 모두 놀라고 감탄하지 않을 수 없었답니다.

많은 사람이 이렇게 신기하게 비행 공연을 바라보는 가운데, 가슴 한쪽에 다른 뜻을 품고 비행 공연을 지켜보는 사람들이 있었어요. 바로 조선의 청년들이었어요.

조선의 청년들은 하늘을 나는 비행기를 바라보며 한 줄기 희망을 발견했어요. 일본에 빼앗긴 조국을 되찾을 수 있는 길이 어쩌면 하늘에 있을지도 모른다는 희망이었어요. 그 관중들 속에는 나중에 비행사가 되어 독립 투쟁을 벌이고, 또 우리나라 초기 항공 역사를 개척한 안창남, 권기옥, 장덕창 등 조선의 청년들이 끼어 있었어요.

하늘을 나는 비행기를 지켜보며 독립의 희망을 꿈꾸게 된 조선의 청년들은 그 뒤 비행을 배우기 위해 일본, 중국, 러시아, 미국 등 여러 나라로 달려갔어요. 조국 독립을 위해 비행술을 익히고 비행사가 될 수 있는 곳이라면 세계 어느 곳이든 가리지 않았어요. 그래서 비행사가 된 다음, 중국 만주 등 각지에서 항일 독립운동에 투신해 많은 활약상을 보여 주었지요.

조국 독립을 위해 비행사가 되려는 움직임은 미국에 거주하는 한인들 사이에서도 나타났어요. 일본의 침략을 피해 조국을 떠나 미국에 정착한 한국인 청년들은 1910년대 후반부터 비행술을 익히기 위해 미군에 입대하거나 민간 비행 학교에 들어갔어요. 한인 청년들 역시 일제에 무력으로 투쟁하기 위해 비행사의 길로 나선 것이었어요. 이 가운데 이용선, 이초, 오림하, 이용근, 장병훈, 한장호 등은 미국의 레드우드 비행 학교에서 비행 교육을 받은 한인 비행사들이랍니다.

1920년 2월 임시 정부의 노백린 군무총장은 이 6명의 한국인 비행사들을 조종 교관에 포함해 미국 캘리포니아에 최초의 한인 비행사 양성소인 '윌로우스 비행 학교'를 세웠어요. 노백린 장군은 '앞으로의 전쟁은 하늘을 지배하는 자들의 것'이라고 굳게 믿고 있었어요. 그래서 일본에 대한 독립 전쟁을 꿈꾸며 미국으로 건너가 비행사를 양성하는 데 누구 보다 앞장섰어요.

윌로우스 비행 학교가 '조선 조종사 양성소'라는 이름으로 문을 연 것은 1920년 7월 5일이었어요. 조선 조종사 양성소의 설립 목적은 조국의 독립에 이바지하는 것이었어요. 일본과의 독립 전쟁을 위해 비행사를 양성하려는 것이었지요.

윌로우스 비행 학교에서는 한인 청년들에게 조종, 정비, 무선 통신, 군사학 등을 가르쳐 모두 40명의 비행사를 길러 냈어요. 하지만 비행 교육을 시작한 지 1년 만인 1921년 문을 닫고 말았어요. 당시 이 학교의 운영을 도맡았던 김종림을 비롯한 재미 한인들이 더 이상 경제적 지원을 할 수 없었기 때문이에요.

윌로우스 비행 학교는 설립 당시부터 캘리포니아에 거대한 농장을 경영하고 있던 김종림 등 재미 한인들의 도움으로 운영되었어요. 그런데 이

윌로우스 비행 학교의 연습기에 탄 조종 교관, 한장호 조종사의 모습이에요.

노백린 장군과 윌로우스 비행 학교의 조종사들이에요.

학교의 운영을 도맡았던 김종림의 농장에 홍수가 나자 자금 사정이 나빠져 더 이상 도움을 받을 수 없게 된 것이었어요.

윌로우스 비행 학교는 머나먼 이국땅에서 1년이라는 짧은 기간으로 막을 내렸어요. 하지만 우리나라 항공 역사에 위대한 발자취를 남겼어요. 대한민국 항공 역사가 선진국 못지않게 얼마나 시대를 앞서갔는가를 말해 주지요.

윌로우스 비행 학교에서 비행 훈련을 하던 훈련기(스탠더드 J-1) 몸체에는 'K.A.C(Korean Air Corps)'라는 글자가 새겨져 있었어요. 이 약자는 '대한민국 항공대'를 뜻하는 것으로 윌로우스 비행 학교가 군용 항공대였다는 사실을 말해 주는 증거예요. 윌로우스 비행 학교는 바로 오늘날 대한민국 공군의 뿌리라고 할 수 있답니다.

당시 군용 항공대를 가진 나라는 미국, 영국, 프랑스 등 몇몇 선진국에 불과했어요. 그런데 그때 식민 지배를 받으며 열악한 환경에 처해 있었던 우리나라가 선진국들 못지않게 비행대를 만들고 조종사를 훈련시켰다는 사실은 정말 자랑스럽고 놀라운 일이에요.

한국인 최초의 여성 비행사 권기옥(1901~1988)

권기옥은 여학생 시절부터 독립운동에 가담하여 적극적으로 활약했어요. 평양 숭의 학교에 다니던 1919년, 3·1 운동을 벌이다 일본에 체포되어 혹독한 고문을 받기도 했어요. 이후 국내의 활동이 어려워지자 중국으로 건너가, 1923년 임시 정부의 추천으로 중국 운남 비행 학교에서 비행술을 익히고 한국인 최초로 여성 비행사가 되었어요. 해방 후 귀국하여 대한민국 공군 창설에 기여하여, '공군의 아주머니'라는 별명을 얻기도 했어요.

공군의 아주머니로 불리는 권기옥 비행사

6·25 전쟁과 공군 조종사

1950년 6월 25일, 북한의 기습 남침으로 한반도에 전쟁이 일어났어요. 갑자기 나라가 위기에 처하자 공군 조종사들은 목숨을 아끼지 않고 전쟁에 뛰어들었어요.

그때 우리 공군은 창설된 지 겨우 9개월밖에 안 되었어요. 아직 전쟁을 치르기에는 전력이 걸음마 단계였지요. 공군 조종사들은 L-4, L-5, T-6 같은 경비행기를 타고 북한의 대공포˙ 탄 사이를 날아다녔어요. 북한군의 탱크나 차량이 나타나면 조종석 뒷자리에 앉은 관측사가 적을 향해 맨손으로 폭탄을 던졌어요. 정말 눈물겨운 싸움을 벌여야 했지요.

6·25 전쟁이 일어났을 당시, 우리 공군에는 훈련 비행기와 정찰기 같은 경비행기 22대가 전부였어요. 북한의 탱크를 파괴할 만한 전투기는 한 대도 없었어요.

조종사도 모두 합쳐야 100여 명 정도에 불과했어요. 북한군을 막아 내기에는 아주 부족한 인원이었지요. 우리 공군은 어쩔 수 없이 미군의 도움을 받기로 했어요. 그리고 미군으로부터 북한의 전차를 막아 낼 수 있는 '머스탱'이라는 전투기 10대를 지원받게 되었어요.

1950년 6월 26일, 10명의 한국 공군 조종사가 이 미군의 전투기를 인수

※ 대공포는 땅 위에서 공중에 떠 있는 어떤 목표물을 겨냥하여 쏘는 포를 말해요.

6·25 전쟁이 일어나자 머스탱(F-51D) 전투기를 인수하기 위해 일본으로 날아간
10인의 한국 공군 조종사(이근석 대령님, 김영환 중령님, 장성환 중령님, 김신 중령님, 박희동 대위님,
강호륜 대위님, 정영진 중위님, 이상수 중위님, 김성룡 중위님, 장동출 중위님)

하기 위해 일본으로 날아갔어요. 머스탱 전투기에 익숙하지 않은 우리 조종사들이 이 전투기를 조종해 다시 한국으로 날아온다는 것은 아주 위험한 일이었어요. 하지만 공군 조종사들은 30분 정도의 비행 훈련만을 받고 전투기를 조종하여 한국으로 날아왔어요. 하루바삐 조국을 구해야 한다는 마음으로 목숨을 건 비행을 했지요.

우리 공군 조종사들은 1950년 7월 3일부터 이 머스탱 전투기에 태극 마크를 달고 출격에 나섰어요. 전투기를 다루는 것도 낯설고, 전투 경험도 부족했지만, 머스탱을 지원한 미 공군과 합동 작전을 벌이면서 많은 전과˙를 올리기 시작했어요. 적의 후방을 공격하기도 하고, 적의 보급로를 차단하는 작전도 벌였어요. 그리고 점점 독자적으로 작전을 펼칠 힘도 키워 나갔지요.

그런 가운데 1952년 1월 12일 우리 공군 조종사들에게 아주 중요한 임무가 주어졌어요. 평양 인근에 있는 철교를 폭파하라는 임무였어요. '승호리 철교 폭파 작전'에 우리 공군 조종사들이 단독으로 나서게 된 것이었어요.

승호리 철교는 평양에서 동쪽으로 10킬로미터쯤 떨어져 있는 곳으로 북한군의 전쟁 물자를 나르는 데 꼭 필요한 다리였어요. 그러므로 북한군을 막아 내기 위해서는 철교를 폭파하는 것이 아주 중요한 작전이었어요.

◉ 전과란 전투나 경기에서 올린 성과를 뜻하는 단어예요.

승호리 철교 폭파 작전에 나선 유치곤 장군님(1927~1965 : 당시 중위)은
6·25 전쟁 당시 모두 203회 출격하여, 한국 공군 사에서 최고의 출격 기록을 남겼어요.
승호리 철교 작전을 비롯해 평양대 폭격 작전, 351 고지 탈환 작전, 송림 제철소 폭파 작전
등 수많은 전투에서 빛나는 공을 세웠어요.
1964년에 개봉되었던 영화 〈빨간마후라〉의 실제 주인공이기도 하답니다.

처음엔 이 철교를 폭파하기 위해 미 공군이 출격했었어요. 그러나 500회 이상 출격하였지만, 북한군의 대공포 위협 때문에 번번이 실패하고 말았어요. 그리고 미군도 실패한 어려운 임무가 마침내 우리 공군 조종사들에게 주어졌어요.

우리 공군은 그 어느 때보다도 굳센 마음으로 승호리 철교 폭파 작전에 나섰어요. 홀로 작전을 펼치게 된 지 4개월밖에 안 되었지만, 우리 공군 조종사들은 반드시 우리 힘으로 승호리 철교를 폭파하고야 말겠다는 각오를 했어요.

하지만 안타깝게도 첫 번째 출격에서는 작전에 실패하고 말았어요. 그러나 포기하지 않고 다시 임무를 준비했지요.

"미군처럼 약 900미터 상공에서 폭탄을 투하하는 방식으로는 성공할 수 없어! 격추될 위험이 있더라도 좀 더 가까이 약 450미터 상공에서 폭탄을 투하한다!"

우리 공군 조종사들은 좀 더 과감하게 작전을 펼치기로 했어요. 1952년 1월 15일, 이른 아침 6명의 공군 조종사들은 목숨을 걸고 차례로 강릉 기지를 날아오르기 시작했어요.

먼저 제1편대 윤응렬 대위님, 정주량 대위님, 장성태 대위님이 탄 3대의 비행기가 평양 상공에 가까이 다가갔어요. 그러고는 빗발치는 북한의 대공포 사이를 뚫고 날아가 철교에 폭탄을 투하하고 로켓탄을 발사했어요. 그러자 다리 가까이 불기둥이 하늘 높이 치솟아 올랐어요.

다음엔 제2편대 옥만호 중위님, 유치곤 중위님, 박재호 대위님이 탄 비행기 3대가 재빨리 철교 가까이 날아가 꽝! 꽝! 폭탄 세례를 퍼부었어요. 폭탄은 다리 교각에 명중되었고 검은 연기가 피어올랐어요. 드디어 철교가 폭파되었어요. 5번의 공격 만에 거둔 성공이었어요.

　승호리 철교 폭파 작전을 성공적으로 해내고 나자 우리 공군 조종사들은 더욱 용기와 자신감을 갖게 되었어요. 이 작전을 시작으로 평양 대폭격 작전, 송림 제철소 폭격 작전 등을 성공해 6·25 전쟁 중에 많은 전과를 이루어 냈어요.

　6·25 전쟁 기간 동안 전장의 하늘을 누빈 우리나라 전투 조종사는 모두 126명이었어요. 그 가운데 김두만 공군대장님(당시 소령)을 비롯해 총 39명의 전투 조종사가 100회 이상 출격을 하였고, 25명의 전투 조종사가 장렬하게 전사하였지요. 오늘날 대한민국이 있게 된 것은 바로 이분들의 소중한 희생이 있었기 때문이랍니다.

여섯 번째 생생 공군 조종사 이야기

나라와 국민을 위해 희생한 공군 조종사들

✈ 하늘의 별이 되었어요

첫 번째 이야기

1991년 12월 3일, 광주시 덕흥 마을 사람들은 아주 깜짝 놀랐어요. 사고를 당한 비행기 한 대가 갑자기 마을 한가운데로 추락하고 있었기 때문이에요.

"우르르 쾅 뚜뚜두두……."

"어, 이게 무슨 소리지?"

갑자기 하늘에서 마을을 뒤흔드는 소리가 들리자 마을 주민들이 모두 놀라 하늘을 올려다보았어요.

"앗 저걸 어째, 마을로 비행기가 추락하고 있어!"

마을 주민들이 깜짝 놀라 눈이 휘둥그레졌어요. 주민들은 비행기가 하늘 높은 곳에서 중심을 잃고 점점 마을을 향해 다가오는 모습을 불안한 얼굴로 바라보았어요.

"어, 그런데 갑자기 비행기 머리가 다른 곳을 향하고 있어."

추락하는 비행기를 바라보던 마을 주민이 소리쳤어요.

정말 이상한 일이었어요. 비행기는 마치 하늘에서 마을을 향해 달려들 기세로 추락하더니 공중에서 갑자기 마을 외딴곳으로 방향을 돌리는 것이었어요.

"아휴, 마을을 벗어나다니 천만다행이야!"

두근거리는 마음으로 이 광경을 바라보던 마을 주민들이 가슴을 쓸어내렸어요.

"그런데 곤두박질치던 비행기가 중간에 방향을 돌리다니……."

몇몇 주민들은 알 수 없다는 듯 고개를 갸우뚱했어요.

비행기가 그렇게 방향을 돌린 몇 초 뒤 덕흥 마을 근처 미나리 밭에서는 쿵! 하고 큰 소리가 들렸어요. 바로 비행기가 추락하는 소리였어요.

그날 추락한 비행기 조종사는 이상희 대위님이었어요. 이상희 대위님은 비행 훈련을 받던 학생 조종사로, 그 순간 안타깝게도 순직하셨어요.

사고가 나기 바로 전, 이상희 대위님은 정식 조종사가 되기 위해 마지막으로 비행 훈련을 받고 있었어요. 교관 조종사의 지도를 받으며 공중 사격 비행 실습을 무사히 해냈어요. 그러고는 활주로에 착륙하려고 공중에서 대기하던 중 갑자기 사고가 일어났어요. 이상희 대위님이 타고 있던 훈련기와 교관 조종사가 타고 있던 훈련기가 부딪치고 만 거예요.

공중에서 충돌한 2대의 비행기는 더 이상 날지 못하고 추락하기 시작했어요. 교관 조종사는 어쩔 수 없이 비상 탈출을 시도했어요. 하늘을 날던 비행기에 이상이 생기면 조종사는 비상 탈출용 버튼을 눌러 탈출을 시도하는 것이 정상이었어요. 그런데 어찌 된 일인지 이 대위님이 탄 훈련기에서는 바로 비상 탈출이 이루어지지 않았어요. 이 대위님은 그대로 비행기와 함께 추락하고 말았어요. 알 수 없는 일이었어요.

나중에 사고 훈련기에서 블랙박스˚가 발견되었어요. 블랙박스에는 추락하던 순간의 이 대위님의 목소리가 담겨 있었어요.

"추락한다. 탈출하겠다. 앗! 앞에 마을이 보인다. 탈출 불가……."

이상희 대위님은 마을 가운데로 향하는 비행기 머리를 다른 데로 돌리기 위해 탈출을 포기한 것이었어요. 자신의 목숨이 위태로운 순간에도 마을에 있을 주민들을 먼저 생각했던 거예요.

이 사실을 전해 들은 마을 주민들은 추락하던 비행기가 공중에서 왜 갑자기 머리를 돌렸는지 이해하게 되었어요. 이 대위님이 훈련기의 방향을 돌리는 바람에 큰 화를 면하게 된 것도 알게 되었지요. 그래서 그해 12월 31일 마을 사람들은 이상희 대위님이 훈련기와 함께 추락한 곳에 기념비를 세웠어요. 이상희 대위님의 희생정신을 기리기 위해서였어요. 기념비가 세워진 그곳은 상희 공원이라 불리고 있는데, 고 이상희 대위님의 고귀한 넋을 기리기 위해 지금도 사람들의 발길이 끊이지 않고 있답니다.

˚ 블랙박스는 비행기나 자동차에 비치하는 기록 장치예요. 사고가 난 뒤 그 원인을 밝히는 데 큰 역할을 한답니다.

두 번째 이야기

2010년 3월 2일, 전투 비행 대대장이었던 오충현 대령님(당시 중령)이 안타깝게 사고로 돌아가셨어요. 후배 조종사의 훈련을 돕다 순직하신 거였어요.

장례식이 열리던 날이었어요. 그런데 이상하게도 오 대령님의 가족 그 누구도 눈물을 흘리지 않았어요.

　갑자기 오 대령님을 보내드린다는 것은 대령님의
아내는 물론, 아들과 딸, 부모님, 형제 모두에게 큰 슬픔이었어요. 하지만 가족들은 눈물을 삼키며 경건한 마음으로 장례를 치르고 있었어요.

　가족들이 이렇게 슬픔을 삼키며 오 대령님의 장례식을 경건하게 치를 수 있었던 것은 바로 오 대령님이 남긴 일기 내용 때문이었어요.

　오충현 대령님의 사고 소식이 알려지던 날이었어요. 그날 오 대령님의 가족은 물론이고 함께 사고를 당한 후배 조종사의 가족들이 모두 부대로 몰려왔어요.

"사고 경위가 분명하게 밝혀질 때까지 영결식을 할 수 없어요!"

"베테랑 조종사가 둘이나 같이 있었는데 도대체 왜 이런 사고가 났죠?"

"그런데, 누가 잘못한 거예요?"

갑자기 날벼락 같은 일을 당한 유족들은 원망스러운 눈길로 서로 실랑이를 벌이기 시작했어요.

그때 오 대령님의 아내가 가족들 앞에 오 대령님의 일기장을 펼쳐 보였어요. 그리고 오 대령님의 일기를 읽고 난 유족들은 더 이상 누구도 원망하지 않게 되었어요. 서로 다독이며 이해하는 마음으로 영결식을 치르게 되었지요.

오 대령님의 일기장에는 이렇게 쓰여 있었어요.

> 먼저 내가 죽는다면 우리 가족, 부모 형제, 아내와 자식들은 아들과 남편, 아버지라고 생각하기 전에 보다 훌륭한 군인으로서의 나를 자랑스럽게 생각하고 담담하고 절제된 행동을 보였으면 한다.
>
> 그다음 장례식은 부대 장례식으로 하고 유족들은 부대에 최소한의 피해만 줄 수 있도록 절차 및 요구 사항을 줄여야 한다. 또 각종 위로금의 일부를 떼어서 반드시 부대 및 해당 대대에 감사의 표시를 해야 한다.

진정된 후에는 감사했다는 편지를 유족의 이름으로 부대장에게 보냈으면 좋겠다.

더욱이 경건하고 신성한 아들의 죽음을 맞이해서 돈 문제로 마찰을 빚는다면 참으로 부끄러운 일일 것이다. 무슨 일이 있어도 돈 때문에 대의를 그르치지 말아야겠다.

장례 도중이나 그 이후라도 내가 부모의 자식이라고만 여기고 행동해서는 안 된다. 조국이 나를 위해 부대 장례식을 치르는 것은 나를 조국의 아들로 생각해서이기 때문이다.

가족은 이 일을 명심하고 가족의 슬픔만 생각하고서 경거망동하는 일이 없도록 해야 한다. 오히려 나로 인해 조국의 재산이 낭비되고 공군의 사기가 실추되었음을 깊이 사과할 줄 알아야겠다.

군인은 오직 충성, 이것만을 생각해야 한다.

이 일기는 오 대령님이 살아계실 때 후배 조종사의 장례식에 다녀온 뒤 쓴 일기였어요. 오 대령님 자신도 혹시 사고를 당할지 몰라 그것을 대비해 남겨 놓은 글이었어요.

일기 속에서 오 대령님은 가족들에게 혹시 자신이 죽더라도 나라와 부대를 원망하지 말아 달라고 부탁했어요. 그리고 자신이 공군 조종사였기 때문에 나라에서 장례를 정성껏 치러 주는 것에 대해서 감사하게 생각하기를 바랐어요. 또 죽음을 안타까워하며 나라에 보상금을 요구하기보다는 나라에 큰 손해를 끼친 것에 대해서 오히려 미안하게 생각하기를 바랐지요.

오충현 대령님은 몹시 가난한 가정에서 태어난 분이었어요. 고등학교를 졸업한 뒤 집안의 가장 노릇을 하며, 병에 걸린 할머니와 어머니의 약값을 벌기 위해 남의 논밭에 나가 힘든 일을 할 정도로 어려운 생활을 했었어요.

하지만 오 대령님은 한 번도 세상을 원망하지 않았어요. 누구보다 열심히 노력해서 공군사관학교 생도가 되었고, 그 결과 공군 조종사가 되었어요. 그리고 돌아가실 때까지 자신과 가족보다 나라를 더 사랑한 군인이었답니다.

✈ 공군 조종사에게서 배워요

나라를 사랑하는 마음을 배워요

우리는 대한민국이라는 공동체 안에 살고 있어요. 이 공동체 안에는 다른 나라가 우리나라를 침범하지 못하도록 지키고, 우리가 안전하게 살 수 있도록 보호하는 군인들이 있어요.

군인들은 평소에 나라를 지키기 위해 훈련을 하고 감시를 해요. 그리고 전쟁이 일어나거나 국민의 생명과 재산이 위협당하는 일이 생기면 국민들을 대신해 목숨 바쳐 싸워요.

만약 이렇게 목숨을 다해 지켜 주고 싸워 주는 군인들이 없다면 우리나라와 국민은 어떻게 될까요? 나라는 금방 불안정해지고 사람들은 마음 놓고 편안한 생활을 할 수 없을 거예요. 우리가 평소에 아무런 걱정 없이 학교에서 공부하고, 친구들과 즐겁게 놀고, 가족과 행복한 시간을 보낼 수 있는 것도 모두 이렇게 나라를 지키기 위해 애쓰고 희생하는 분들이 있기

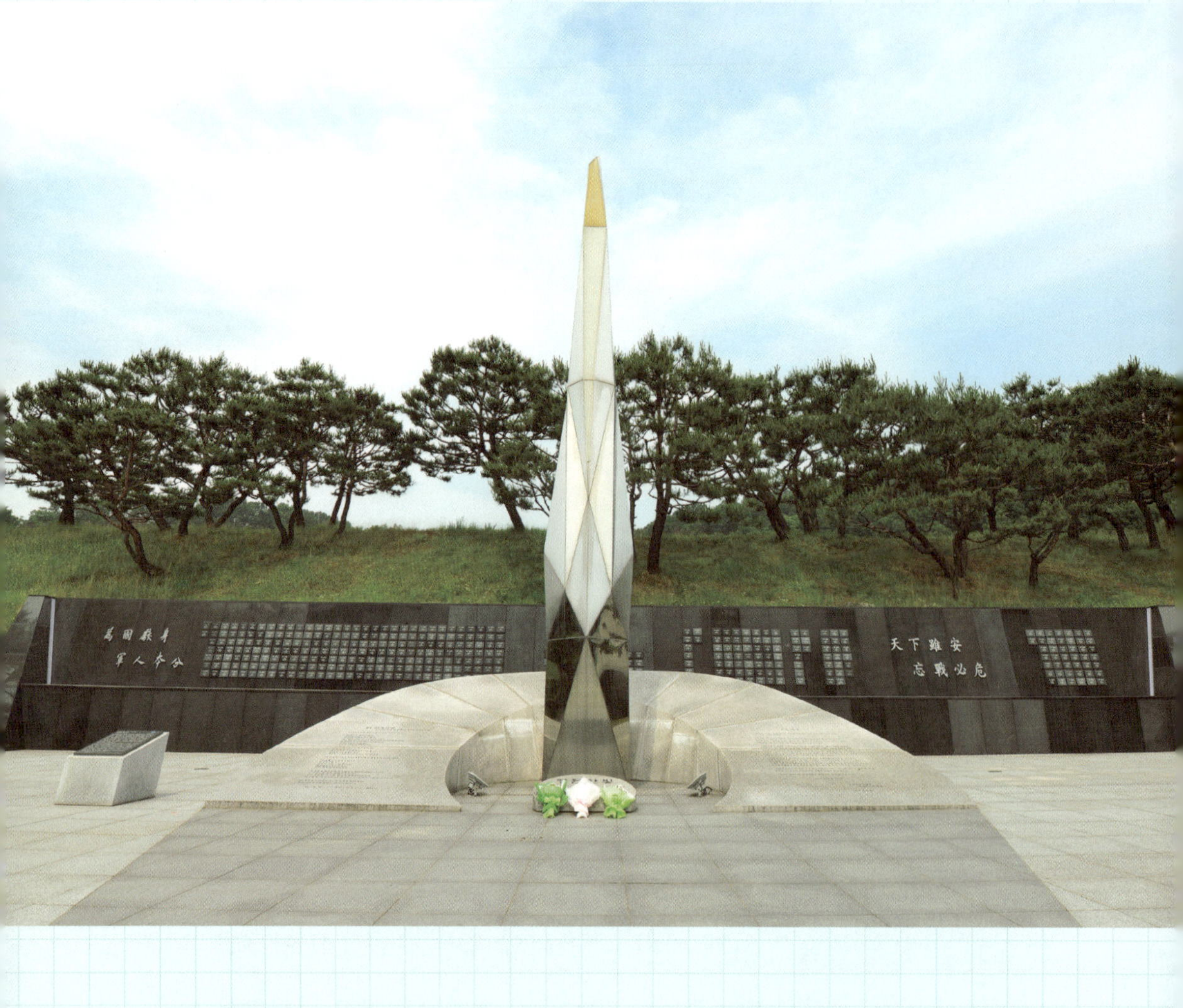

공군사관학교에 세워져 있는 '영원한 빛' 추모비예요.
2010년 7월에 건립된 후 2010년 11월 3일 국가보훈처 '현충 시설'로 지정되었어요.
이 추모비에는 6·25 전쟁 이후부터 지금까지 우리의 하늘을 지키다 전사하거나 순직하신
약 800여 분에 가까운 이름들이 새겨져 있어요. 나라를 위해 싸우다 희생하신 분들과 항공기 시험
비행이나 훈련 도중 순직하신 분들의 이름이지요. 그동안 나라를 지키기 위해서,
그리고 대한민국 항공의 길을 개척하고 발전시키기 위해 자신의 소중한 목숨을 바친 분들이랍니다.

때문이지요.

특히 공군 조종사는 군인으로서 나라와 국민을 위해 자신의 목숨을 아끼지 않아요. 조국의 하늘을 수호하기 위해 어떤 위험한 상황도 겁내지 않지요. 언제나 나라와 국민을 위해 모든 것을 바쳐 희생할 각오가 되어 있답니다.

우리나라 공군 조종사들은 다른 나라에 비해 사고율은 낮지만, 사고가 난 뒤에는 오히려 사망률이 아주 높다고 해요. 작전이나 훈련을 하는 동안 위험에 빠졌을 때 자신의 생명보다 국민의 생명과 재산, 그리고 국가의 재산인 전투기를 먼저 생각하기 때문이에요.

공군 조종사는 조종을 배우는 순간부터 사람들을 다치게 하거나 사람들이 사는 집에 피해를 주면 안 된다는 점을 가슴 깊이 새기고 있어요. 그래서 비행 중에 갑작스럽게 날씨가 나빠지거나 기체에 이상이 생겨 위기가 닥치면 제일 먼저 대한민국의 국민에게 닥칠 위험과 재산 피해를 막기 위해 최선을 다한답니다.

그뿐만 아니에요. 공군 조종사는 나라의 재산인 전투기도 자신의 목숨처럼 소중하게 생각하지요. 공군 조종사의 가슴에는 '기인 동체'라는 문구가 깊이 새겨져 있어요. '비행기와 사람은 한 몸'이라는 뜻으로, 이 말 속에는 비행할 때만 비행기와 한 몸이 되는 것이 아니라 목숨까지도 함께하겠다는 공군 조종사들의 신념이 담겨 있어요.

그리고 비행을 하다가 아무리 위험한 상황이 닥쳐도 비행기를 쉽게 포기하지 않겠다는 다짐, 그리고 비행기를 마지막 순간까지 포기하지 않고 최선을 다하면 비행기의 생명이 되살아나 비행기와 조종사가 모두 무사해질 것이라는 믿음도 들어 있지요.

공군 조종사들이 전투기를 이처럼 자신의 목숨과 같이 소중하게 생각하는 까닭은 전투기가 공군 조종사에게도 소중한 비행기지만, 한편으로는 수백억 원이나 되는 나라의 소중한 재산이기 때문이에요. 그러므로 공군 조종사들은 하늘을 날아다니다 비행기가 추락하는 위험한 순간이 닥치면 자신의 목숨과 같은 전투기를 살리기 위해 쉽게 포기하지 않고 끝까지 애쓴답니다.

실제 우리 공군에는 하늘을 날아다니다 비행기가 추락하는 위험한 순간에 자신의 목숨보다 국민의 생명과 재산, 그리고 전투기를 살리기 위해 끝까지 애쓰다 목숨을 잃은 조종사들이 여러분 계시지요. 이분들이 바로 나라와 국민을 위해 자신의 목숨을 아낌없이 바친 분들이랍니다.

도전하는 마음을 배워요

도전은 어떤 일에 맞서 싸워 나가는 것을 뜻해요. 모험이나 실패를 두려워하지 않고 꿈을 향해 거침없이 나아가는 것을 도전이라고 부르지요. 오늘날 우리가 살고 있는 세상은 모두 도전을 통해서 발전되었어요. 많은 사람들이 도전 정신을 가지고 새로운 세계와 목표를 향해 달려간 덕분이랍니다.

하늘의 세계도 마찬가지예요. 사람이 새처럼 하늘을 날게 된 것 역시 이 도전을 통해서 발전되었어요. 라이트 형제가 100여 년 전 처음 비행기를 만들어 낸 것이나, 오늘날 초음속 비행기가 하늘을 날게 된 것 모두 많은 사람들이 어떤 두려움이나 희생도 겁내지 않고 하늘에 도전했기 때문이에요.

오토 릴리엔탈은 사상 처음으로 글라이더를 이용해 하늘을 난 사람이었어요. 사람이 등에 지고 하늘을 날 수 있는 행글라이더를 설계한 뒤, 그 글라이더를 성공적으로 완성하기 위해 2,000번 이상 활공했어요. 오토 릴리엔탈은 이렇게 헤아릴 수 없을 만큼 여러 차례 시험 활공을 하는 동안, 수도 없이 추락했어요. 하지만 쉽게 포기하지도 멈추지도 않았어요. 결국, 글라이더를 타고 세찬 돌풍 속을 날다 추락하여 목숨을 잃을 만큼 큰 상처를 입고 말았지요. 그는 숨을 거두면서도 '희생은 필요하다'라는 말을 남겼어요.

어느 날 라이트 형제는 글라이더를 발명하기 위해 끝없이 도전하다 사망한 오토 릴리엔탈에 관한 신문 기사를 읽게 되었어요. 그러고는 마침내 평소에 꿈꾸던 비행기 발명에 뛰어들었어요.

라이트 형제는 죽음도 겁내지 않은 오토 릴리엔탈의 도전에서 커다란 용기를 얻게 된 것이지요. 아마도 글라이더를 발명하기 위해 끝없이 도전

삼차원 세계에 도전하기 위해 항공 생리 훈련을 받는 공군 조종사의 모습이에요.
가속도 내성 강화 장비라는 특수 장비를 이용해, 급격한 가속도의 변화를 이겨 낼 수 있는
가속도 내성 훈련(일명 G-Test)을 받아요.

한 오토 릴리엔탈이 없었더라면 라이트 형제의 비행기 발명도 이루어지지 않았을지도 몰라요.

비행기 발명으로 이어진 하늘에 대한 인간의 도전은 비행기가 발달한 오늘날에도 여전히 계속되고 있어요. 사람이 하늘을 날기 위해서는 아직도 많은 도전이 필요해요. 끊임없이 새로운 세계와 맞서야 하지요.

비행한다는 것은 단순히 하늘 높이 날아오르는 일만은 아니에요. 이차원(평면)의 세계에서 삼차원(입체 공간)의 세계로, 즉 전혀 다른 세계로 날아가는 것을 뜻해요.

땅을 딛고 있던 세상에서 위로도, 옆으로도, 아래로도, 그리고 거꾸로도 움직이는 새로운 공간 속으로 날아가는 것을 뜻하지요. 그러므로 하늘을 나는 조종사는 낯선 하늘의 세계에 도전할 때 수많은 어려움을 이겨 내야 해요. 특히 높은 고도의 하늘을 아주 빠른 속도로 날아다니며 전투 기동을 해야 하는 전투 조종사는 견디기 어려운 신체적 한계와 항상 맞서 싸워야 한답니다.

그렇다면, 전투 조종사는 비행 중 어떤 것들을 극복해야 할까요? 우선 지구 중력의 6배에서 9배가 넘는 중력 가속도를 이겨 내야 해요. 중력 가속도는 우리가 놀이공원에서 롤러코스터나 바이킹을 탈 때의 느낌과 비슷해요.

빠른 속도로 앞으로 나아가던 놀이기구가 갑자기 옆 또는 위아래로 방향을 틀거나 뱅글뱅글 회전하게 되면 우리 몸은 심한 압력을 느끼게 돼

비행 착각에 도전해요.
비행 착각 훈련 장비의 비행 시뮬레이션 화면으로 하늘과 바다, 낮과 밤 등
환경에 따른 시각적 착각과 공간 감각 상실을 체험하고 훈련해요.

저압 저산소증에 도전해요.
저압실에서 기압이 낮은 하늘에서 우리 몸이 어떻게 달라지는지 체험해요.
산소마스크를 벗고 산소가 희박한 환경을 직접 경험함으로써
실제 비상 상황이 발생했을 때 알맞게 대처할 수 있는 능력을 길러요.

요. 항공기가 엄청난 속도로 날아다니며 급격하게 방향 전환을 할 때 전투 조종사가 느끼는 압력 역시 이와 비슷한데, 그 압력의 세기는 놀이기구와는 비교할 수 없이 강력해요. 온몸의 피가 다리로 쏠려 뇌의 혈액 공급이 중단될 정도이지요. 만약 이 중력 가속도를 이겨 내지 못한다면 조종사는 순간적으로 의식을 잃게 된답니다.

다음으로 전투 조종사는 비행 착각도 이겨 내야 해요. 하늘과 바다를 구별하지 못하여 지상의 불빛을 하늘의 별빛으로 착각하거나, 항공기가 거꾸로 날고 있거나 수평을 유지하고 있지 않은데도 반듯하게 날고 있다고 느끼게 되면 아주 위험해져요.

조종사가 전투 기동을 하다 보면, 시각을 비롯해 몸의 회전이나 몸의 기울기를 느끼게 하는 여러 가지 감각 기관이 평소보다 큰 자극을 받게 돼요. 그래서 '지금 어떤 자세를 취하고 있고 어떻게 움직이고 있는가' 하는 느낌이 보통 때와 달라지지요. 조종사가 비행 중 이렇게 실제와 다르게 보고 느끼게 될 때, 바로 비행 착각에 빠지게 되는 것이에요. 이런 착각은 어둠 속을 나는 야간 비행 때나 구름이나 안개가 짙을 때 더욱 심해진답니다.

또 전투 조종사는 고공 저압도 이겨 내야 해요. 조종사가 하늘로 날아오를 때 점점 고도가 높아지면 기압이 낮아지며 산소가 부족해져요. 산소가 희박하면 우리 몸은 눈앞이 흐려지고 정신이 혼미해지는 등 여러 가지 신체적 변화를 겪게 되지요. 따라서 조종사는 저압이나 저산소증에도 대

비상 탈출에 도전해요!
비상 상황이 발생했을 때 조종사가 당황하지 않고,
빠르고 안전하게 탈출할 수 있도록 비상 탈출 훈련을 받아요.

비해야 해요.

　마지막으로 공군 조종사는 비상 탈출이라는 응급 상황에도 대비해야 해요. 비행 중 비상 상황이 발생해 더 이상 비행기를 조종할 수 없을 때 조종사는 항공기로부터 안전하게 탈출해야 해요. 조종사가 항공기로부터 탈출을 시도하면 조종사가 엄청난 속도로 항공기로부터 분리되는데, 이때 올바른 자세를 유지하지 못하면, 척추가 부러지는 등 큰 부상을 당할 수도 있어요.

　우리는 보통 하늘을 나는 공군 조종사에 대해 아주 멋지게 생각해요. 그러나 용감하고 멋진 모습 뒤에는 이처럼 중력 가속도나 비행 착각, 고공 저압, 비상 탈출 등 인간의 한계에 도전해 이겨 내야 하는 조종사들의 피와 땀이 숨겨져 있지요.

　우리가 꿈을 이루기 위해서는 공군 조종사들처럼 수많은 어려움과 맞서야 해요. 힘들고 어려운 일에 앞서 '이 일을 내가 해낼 수 있을까?' 하고 망설이거나 '이 일은 내게 너무 힘들고 어려운 일이야. 해낼 수 없어.'라고 포기하게 된다면 아무것도 이룰 수 없어요.

　아무리 불가능할 것처럼 보이는 일이라도 공군 조종사처럼 한 발자국 한 발자국 용기를 내어 도전해 보세요. 언젠가는 꼭 자신의 꿈과 목표를 이룰 수 있을 거예요.

노력하는 마음을 배워요

　공군 조종사의 조종복 왼쪽 가슴에는 '조종 흉장'이 달려있어요. 이 조종 흉장은 '당신은 군용 항공기를 조종할 수 있는 조종사입니다'라는 뜻이에요. 바로 군용 항공기를 조종할 수 있는 자격을 나타내는 것이지요.
　자동차를 운전하려면 면허증이 있어야 해요. 마찬가지로 항공기를 조종하려면 나라에서 허가하는 자격증이 필요하지요. 바로 그런 항공 종사자 자격증을 대신하는 것이 공군 조종사의 조종 흉장이에요.
　그런데 '윙(Wing)'이라고도 불리는 이 조종 흉장은 조종사의 자격이나 능력이 높아질 때마다 그 모양이 달라져요.
　비행 교육을 모두 마치고 막 새내기가 된 공군 조종사는 은빛 날개 모양이 수놓아진 조종 흉장을 달아요. 그리고 이 은빛 날개의 조종 흉장은 조종사의 비행 경력과 비행시간이 쌓이게 됨에 따라 점점 여러 가지 모양으로 달라져요.
　비행 경력이 7년 이상이 되고, 비행시간을 모두 합쳐 1,000시간이 넘은 조종사는 이 날개 위에 별 모양이 붙은 조종 흉장을 달게 돼요. 그다음, 비행 경력이 15년 이상 되고 총 비행한 시간이 1,500시간을 넘게 되면, 이 날개 위의 별 밑에 다시 월계수 잎이 받침처럼 붙은 조종 흉장을 달게 되지요. 그러므로 날개 위에 별 모양과 월계수 잎이 모두 수놓아진 조종 흉장을 달게 되면, 그 조종사는 조종을 아주 잘하는 베테랑 조종사가 되었다

위에서부터 순서대로 조종사, 선임 조종사, 지휘 조종사의 흉장이에요.

는 것을 의미한답니다.

　조종사에게는 비행 경험이 아주 중요해요. 비행에 관한 지식이 아무리 많더라도 하늘을 실제 날아 보지 않으면 아무런 소용이 없어요. 비행 능력을 기르기 위해 하늘을 날며 오랜 시간 힘들고 어려운 경험을 쌓아야 하지요. 그러므로 공군 조종사의 조종 흉장은 군용 항공기를 조종할 수 있는 자격 말고도, 조종사 자신이 비행 훈련을 하면서 얼마나 많은 땀과 눈물을 흘렸는가를 말해 준답니다.

　공군 조종사는 비행하는 동안 하늘에서 1분 1초를 아주 힘들고 어렵게 견뎌 내요. 우리가 일상생활을 하며 느끼는 시간과 비교할 수 없을 만큼 힘들고 어려운 긴 시간이지요.

　하늘을 날아다니며 지상에서 받던 중력의 4배에서 9배에 가까운 중력가속도를 견뎌 내야 하고, 순간마다 한눈을 팔지 않고 엄청난 긴장과 집중력을 발휘해야 하지요. 또 비행하는 도중 수많은 장애물과 싸우기도 해요. 먹구름 또는 비바람 속에서 크나큰 위험을 만나기도 하고, 어둠 속에서 길을 잃어 목숨에 위협을 받기도 해요.

　그래서 공군 조종사는 보통 1시간 30분 정도의 비행을 하고 나면 너무 많은 힘을 소진해서 온몸이 녹초가 되어 버려요. 땀과 눈물을 흘리며 견뎌낸 시간 속에서 비로소 숙련된 조종사로 거듭나게 되는 것이지요.

　공군 조종사뿐만 아니라 우리가 어떤 분야든 목표를 이루기 위해서는 이처럼 땀을 흘리며 노력하는 시간이 꼭 필요해요. 아무리 뛰어난 재능을 타고 났더라도 오랜 시간 노력을 하지 않으면 어떤 분야든 성공할 수 없지요.

운동 선수든 음악가든 학자든 어떤 분야의 전문가가 되거나 성공하려면 많은 시간의 연습과 훈련, 그리고 노력이 필요해요. 공군 조종사 역시 마찬가지예요. 실제 비행뿐만 아니라 비행 준비까지 포함해 아주 많은 시간을 노력하지 않으면 공군 조종사가 될 수 없답니다.

우리는 꿈을 꾸어요. 사람마다 큰 뜻을 품고 살지요. 그런데 어떤 사람은 꿈을 이루고 어떤 사람은 꿈을 이루지 못해요. 그 차이점은 무엇일까요? 그것은 바로 노력이에요. 하늘을 나는 것도, 조종사가 되는 것도 노력 없이는 이룰 수 없어요. 공군 조종사의 가슴에 붙어 있는 조종 흉장이 바로 그 노력을 말해 준답니다.

일곱 번째 생생 공군 조종사 이야기

자랑스러운 대한민국 공군의 내일

영국 하늘에 울려 퍼진 아리랑

2012년 6월 영국, 와딩턴 왕립 공군 기지에서는 에어쇼가 끝난 뒤 시상식이 열렸어요.

"지금부터 와딩턴 에어쇼의 최우수 특수 비행 팀을 발표하겠습니다. 그 영광의 주인공은 바로 대한민국의 특수 비행팀, 블랙이글스입니다!"

"와! 짝짝짝!"

수상 발표가 나자 시상식장은 박수 소리와 환호성으로 가득 찼어요. 블랙이글스를 축하하는 소리였어요.

"처음으로 국제 에어쇼에 참가해 이렇게 좋은 성적을 거두다니!"

블랙이글스 멤버들은 모두 감격해서 서로 얼싸안았어요. 에어쇼에 참가하기 위해 그동안 겪었던 고생과 힘든 기억들이 눈 녹듯 사라지는 순간이었어요.

블랙이글스가 영국 에어쇼에 참가하기로 한 건 2011년이었어요. 2011년은 블랙이글스에게 아주 뜻깊은 해였어요. 드디어 우리나라가 생산한 T-50이라는 우수한 초음속 훈련기로 특수 비행을 하게 되었기 때문이에요. 국산 초음속 항공기로 비행하게 된 것을 자랑스럽게 여기던 어느 날, 블랙이글스 대원들과 지원팀이 모여 앉았어요.

"우리나라가 드디어 최첨단 항공기를 생산하는 나라가 되었어. 이 항공기로 영국에서 열리는 국제 에어쇼에 한 번 나가보는 게 어떨까? 우리 기술력과 비행 실력을 뽐낼 좋은 기회야."

갑자기 대원 중에 누군가 제안을 했어요.

"하지만 해외에 나가려면 비용이 많이 들 텐데 그걸 누가 부담하지."

다른 대원이 걱정스러운 표정으로 바라보았어요.

"비용은 정부에 지원을 요청하면 어느 정도 마련할 수 있을 거야."

"그래? 그러면 한번 추진해 보지."

"좋은 생각이야!"

여기저기서 찬성하는 소리가 들렸어요.

영국 에어쇼에 참가하기로 하자 모두가 바빠졌어요. 지원팀은 비용을 마련하기 위해 여기저기 뛰어다니기 시작했고, 블랙이글스 멤버들도 준비를 시작했어요.

그런데 얼마 뒤였어요. 블랙이글스 대원들에게 또 다른 고민거리가 생겼어요.

"영국까지 날아가는 일이 문제야."

모두 걱정스러운 표정을 지었어요.

"영국까지 날아가려면 여러 나라를 통과해야 해. 그런데 중간 기착지에 내렸다가 가는 건 도저히 불가능해. 중간에 비행기에 기름을 넣으려고 다른 나라에 내리면 조종사들이 머무를 곳을 마련해야 하는데 그건 너무 복잡한 일이야. 그렇다고 쉬지 않고 직접 날아갈 수도 없고."

대원들의 얼굴에 근심이 어렸어요. 그런데 그때 한 대원이 목청을 높여 말했어요.

"직접 날아가지 못한다고 해서 영국까지 갈 방법이 없는 건 아니야. 항공기를 분해하는 거야!"

이야기를 듣는 순간 모두 눈이 휘둥그레졌어요.

"뭐라고? 항공기를 분해한다고? 말도 안 돼."

"그래, 그건 있을 수 없는 일이야. 항공기를 분해하고 다시 조립하려면 시간도 오래 걸리고 인원도 더 많이 필요해."

"정말 그건 어려울 것 같아!"

너도나도 입을 모아 반대하기 시작했어요.

"아니야, 가능해! 우리 항공 정비 기술은 세계 최고야. 시간은 좀 걸리겠지만 해낼 수 있어!"

이 말을 들은 대원들의 얼굴에 조금씩 희망찬 기색이 보였어요.

"그래. 그럼, 해 보는 거야."

대원들 모두 영국 국제 에어쇼에 꼭 참가하기로 다시 한번 굳게 다짐하는 순간이었어요.

에어쇼 준비가 본격적으로 시작됐어요.

블랙이글스 대원들은 대한민국의 공군력을 자랑하고 항공 기술도 마음껏 보여 주기 위해 에어쇼에서 선보일 여러 가지 비행 대형들을 짜고 훈련에 들어갔어요. 그리고 에어쇼가 6개월 앞으로 다가오자 계획한 대로 본체, 엔진, 날개 등 비행기를 하나하나 분해하기 시작했어요. 그렇게 분해된 비행기는 화물기 8대를 이용해 영국으로 보내졌어요.

에어쇼 날이 가까워지자 먼저 영국에 도착한 우리 공군 정비사들은 활주로 바닥에서 항공기를 조립하기 시작했어요.

"정말 놀라운 일이에요!"

지켜보던 외국인 관계자들이 입을 다물지 못했어요. 감히 생각할 수 없는 방법이었기 때문이었어요.

그리고 드디어 에어쇼 날이 되었어요. 아침부터 수많은 관람객이 에어쇼를 보기 위해 몰려들었어요.

에어쇼는 세계 여러 나라가 모여 각국의 항공 산업과 기술을 겨루는 축제장이에요. 하늘에서는 화려한 에어쇼가 펼쳐지고 그 밑에서는 군용 항공기와 민간 항공기의 전시회가 열린답니다. 단지 에어쇼만 보여 주는 행사가 아니라 자신의 나라가 만들어 낸 항공기가 얼마나 우수한지, 그리고 얼마나 공군력이 강한지 보여 주는 행사이지요.

국제 에어쇼 가운데서도 세계 최고의 에어쇼인 영국 에어쇼에서 비행을 하게 되자, 블랙이글스 대원들은 가슴이 두근거렸어요. 많은 항공 선진국들 앞에서 우리나라가 생산한 'T-50B'라는 초음속 항공기가 얼마나 성능이 좋은 최첨단 비행기인지, 우리나라 조종사들의 비행 실력이 얼마나 대단한지 마음껏 뽐낼 수 있었기 때문이에요.

블랙이글스 대원들과 관계자들은 두근거리는 가슴을 안고 에어쇼의 막이 오르기만을 기다렸어요.

드디어 에어쇼가 시작됐어요. 영국 레드애로우 팀이 첫 번째로 하늘로 날아올랐어요. 영국 팀은 가장 강력한 우승 후보인 만큼 아주 멋지게 에어쇼를 펼쳐 보였어요. 다음에는 이탈리아와 폴란드 팀이 차례로 에어쇼에 나섰어요.

그런데 폴란드 팀이 에어쇼를 펼칠 때였어요. 갑자기 비가 쏟아지기 시작했어요. 기상 예보가 좋지 않아 아침부터 걱정했었는데, 결국 하늘에 먹구름이 몰려오더니 폭우가 쏟아지기 시작한 거예요. 차례를 기다리던 블랙이글스 대원들과 지원팀의 얼굴에도 먹구름이 몰려왔어요.

"힘들게 이곳까지 왔는데 이러다가 에어쇼를 아예 해 보지도 못하는 거

아니야?"

모두의 얼굴에 근심이 가득했어요.

"우리 차례는 오후니까 일단 기다려 보자고."

대원들은 제발 날씨가 좋아지기를 기도하며 하늘을 올려다보았어요.

오후가 되었어요. 블랙이글스의 에어쇼 시간도 점점 가까워졌어요.

그런데 그때 깜짝 놀랄 일이 생겼어요. 에어쇼 한 시간을 앞두고 하늘이 거짓말처럼 개이기 시작한 거예요.

"정말 다행이야!"

정비사들은 정신없이 항공기에 묻은 빗물을 닦아 내기 시작했어요. 그리고 블랙이글스 멤버들도 검은 예복으로 갈아입으며 바쁘게 에어쇼를 준비했어요.

"지금부터 대한민국 블랙이글스의 비행이 있겠습니다!"

장내에 블랙이글스의 비행을 알리는 소리가 울려 퍼졌어요.

"레디 스타트!"

시작을 알리는 진행자의 목소리와 함께 드디어 블랙이글스 8대가 하늘로 차례로 날아오르기 시작했어요. 검은 바탕에 노랑 무늬가 새겨진 블랙이글스는 한 마리, 한 마리 검은 독수리가 되어 영국 하늘로 훨훨 날아올랐어요. 그러고는 구름 속으로 흩어졌다 다시 모이며 여러 가지 대형을 보여 주기 시작했어요.

"와아!"

관람객들은 블랙이글스가 멋진 비행을 선보일 때마다 탄성을 지르며 감탄했어요.

마지막으로 2대의 비행기가 하늘에 커다란 하트를 그리기 시작했어요. 그러자 그 한가운데로 비행기 한 대가 빗살을 그으며 날아들었어요. 큐피드 화살이었어요.

"와 짝짝짝!"

마침내 24분 동안의 블랙이글스 공연이 성공적으로 끝났어요. 블랙이글스에게 최우수상의 영광을 안겨 준 바로 그 비행 공연이었어요.

수상의 기쁨이 채 가라앉기도 전에 블랙이글스 멤버들은 영국에 있는 또 다른 공군 기지로 향했어요. 며칠 뒤인 7월 7일, 패어포드 공군 기지에서 열리는 리아트 국제 에어쇼에 참가하기 위해서였어요. 리아트 에어쇼는 와딩턴 에어쇼보다 좀 더 큰 에어쇼였어요. 리아트 에어쇼는 42개국이 참여하는 말 그대로 세계 최대 군사 에어쇼였지요.

리아트 에어쇼가 열리는 날이 되자 패어포드 공군 기지에는 아침부터 관람객들이 구름처럼 몰려왔어요.

관람객 중에는 언뜻언뜻 태극기를 흔드는 우리 교민들의 모습도 보였어요. 교민들은 먼 이국 하늘 아래서 자랑스러운 블랙이글스 멤버들을 만나게 되자, 먼저 다가와 반가운 얼굴로 인사를 했어요.

그런데 블랙이글스가 차례를 기다리는 사이 우리 팀 앞으로 다가오는 사람들이 또 있었어요. 머리가 희끗희끗하고 나이가 많아 보이는 외국인들이었어요. 외국인들은 가슴 한쪽에 훈장이 달린 제복을 입고 있었어요. 바로 6·25 전쟁에 참가했던 군인들이었어요.

"1950년 대한민국에 도착해서 느낀 건 '지금 내가 지옥에 온 것은 아닌가?'였습니다. 나무 한 그루도 보이지 않고 덤불 같은 것만 남아 있었으니까요. 그런 나라가 60여 년 만에 이렇게 대단한 나라로 성장할 줄은 정말로 몰랐습니다. 내가 목숨을 걸고 지켰던 대한민국이 전쟁의 폐허를 딛고 이렇게 항공 선진국 대열에 동참하다니 무척 자랑스럽군요."

노병들은 감격스러운 얼굴로 말해 주었어요.

"6·25 전쟁 때 우리나라를 위해 싸워 주신 것에 대해 늦었지만 감사드립니다."

블랙이글스 관계자들과 대원들도 노병들에게 진심으로 감사 인사를 했어요.

잠시 후 한국 팀의 에어쇼가 시작되었어요.

블랙이글스는 어느 때보다 자신감 있게 하늘을 누비고 다녔어요. 와딩턴 에어쇼 때 장애물로 느껴졌던 영국 하늘의 낮은 구름도 더 이상 힘들게 느껴지지 않았어요. 블랙이글스는 놀라운 특수 비행으로 하늘에 아름다운 무늬들을 수놓기 시작했어요.

드디어 마지막 비행 기동만을 남겨 놓았을 때었어요. 영국 하늘을 뒤흔들며 거침없이 날아다니던 항공기가 어디로 숨었는지 잠잠하더니 곧 2대의 항공기가 쌔애앵! 나타났어요. 그러더니 비행기 꼬리에서 실처럼 풀려

나온 연기가 하늘에 커다란 원을 그렸어요. 또 원 한쪽으로 곧 한 대의 항공기가 날아들었어요. 그러고는 서서히 옆으로 누워 있는 모양의 'S'자를 원 가운데에 그려 놓았어요. 바로 태극 문양이었어요.

영국 하늘에 우리의 태극무늬가 아름답게 수놓아졌어요. 그 순간 스피커에서는 아주 익숙한 노래가 울려 퍼지기 시작했어요.

"아리랑 아리랑 아라리요, 아리랑 고개를 넘어간다."

아리랑이었어요. 아리랑은 에어쇼 관람객들 사이로, 그리고 태극 문양이 그려진 영국 하늘 저 멀리 널리 울려 퍼졌어요.

아리랑은 우리 민족의 애환이 담긴 노래예요. 우리 민족이 기쁠 때나 슬플 때나 언제나 우리 곁에 있던 노래이지요. 이 아리랑은 6·25 전쟁 때도 우리 민족과 함께했어요.

이 노래는 자유와 평화를 위해 싸우던 전쟁터에서 우리의 슬픔을 달래 주었어요. 일본으로 전투기를 인수하러 가던 조종사들에게 용기를 북돋워 주었고, 삶과 죽음을 넘나드는 전쟁터에서 우리 군인들을 위로해 주었어요.

그것만이 아니에요. 자신의 나라를 떠나 대한민국의 평화를 지키기 위해 온 외국 참전 용사들에게 고향에 대한 그리움을 달래 준 것도 아리랑이었어요. 아리랑은 6·25 전쟁 당시 이 참전 용사들을 통해 세계 곳곳으로 널리 알려지기도 했어요.

바로 이 아리랑이 항공 선진국이자 6·25 참전국이었던 영국 하늘에 울려 퍼졌던 것이에요. 아리랑이 흐르는 동안 블랙이글스 대원들과 우리 관계자들은 물론이고 한국 교민, 그리고 한국을 기억하는 많은 외국인들의 얼굴에 기쁨과 감격의 눈물이 어렸어요.

※ 이 이야기는 KBS 스페셜 〈블랙이글 세계를 날다〉와 『블랙이글스에게 배워라』(김덕수 지음, 21세기북스)를 참고하였습니다.

✈ 튼튼한 대한민국과 과학 기술의 미래, 하늘에 있어요!

하늘로 우주로!

오늘날 하늘은 국방의 주요 무대가 되었어요. 비행기가 하늘을 날게 된 이후 하늘을 장악하지 않고서는 어느 나라도 자신의 나라를 안전하고 튼튼하게 지키기 어렵게 되었지요.

그렇다면 비행기가 발명되기 이전에는 어땠을까요? 물론 비행기가 나타나기 이전에도 하늘에서 군사 작전이 펼쳐졌어요. 적의 침입을 막아 내는 직접적인 전투는 주로 육지나 바다에서 이루어졌지만, 아군에게 신호를 보내거나 부하들의 사기를 올리기 위해, 그리고 육지나 바다에서의 작전을 더욱 수월하게 치르기 위해 하늘을 이용했어요. 우리 민족은 옛날부터 주로 연을 그 수단으로 사용했답니다.

신라의 선덕 여왕 때 김유신 장군은 반란군들의 사기를 떨어뜨리기 위해 연을 이용했어요. 어느 날 밤, 하늘에서 큰 별이 떨어지는 것을 보고 반란군들이 여왕이 패할 징조라고 기뻐하며 환호했어요. 그러자 김유신 장군은 불을 붙인 연을 하늘에 날렸어요. 그러고는 별이 다시 하늘로 올라갔다는 소문을 퍼뜨려 동요하는 부하들은 안심시키고, 반란군들이 얕보지 못하도록 했어요.

고려 시대 최영 장군도 제주도를 정벌할 때 연을 이용했어요. 섬 주위에 가시덤불이 무성하여 성벽에 오를 수 없게 되자, 연에 갈대 씨 주머니를 매달아 가시밭에 퍼뜨렸어요. 시간이 흘러 가시덤불 사이로 갈대들이 무성하게 자라자, 큰 연에 불을 붙여 가시덤불을 모두 불태운 뒤 섬을 점령했어요.

임진왜란 때 이순신 장군도 왜군을 무찌르는 데 연을 사용했어요. 왜군과 바다에서 싸우는 동안 여러 섬과 진영에 흩어져 있는 아군과 통신하기 위해 연을 날렸지요. 즉 신호 연을 만들어 하늘로 올려보내 부하와 병사들에게 언제 어느 방향으로 공격해야 할지 작전을 전달한 거예요.

프랑스에서는 적을 정찰하거나 사기를 떨어뜨리는 데 열기구를 이용했어요. 1783년 몽골피에 형제가 열기구를 띄우는 데 성공하자 각종 전쟁에 열기구를 이용하기 시작했어요.

기구는 처음 발명되었을 무렵, 주로 오락용이나 전시용으로 사용되었어요. 하지만 전쟁이 일어나자 프랑스에서는 전쟁을 승리로 이끌기 위한 하나의 방편으로 열기구를 띄웠어요. 프랑스군은 1794년의 플뢰뤼스 전투에서 기구를 사용하여 오스트리아군을 정찰했어요. 그리고 1870년부터

프랑스 화가, 쥘 디디에가 그린
〈1870년 10월 7일, 몽마르트 아르망 바르베에서 투르를 향한 캄베타의 출발〉

1871년까지는 전보를 배달하거나 인원 수송을 위해 기구를 사용했어요. 물론 하늘에서 직접 전투를 벌인 것은 아니었어요.

동서양을 떠나 오늘날과 같이 하늘이 군사 작전의 주요 무대가 된 것은 비행기가 발명되고부터예요. 1903년 라이트 형제가 최초로 동력 비행에 성공하고, 1907년 헬리콥터가 등장한 후 하늘에서 본격적인 항공 작전이 이루어지기 시작했어요.

비행기는 처음 발명되었을 때 주로 곡예용이나 스포츠용으로 사용되었어요. 그런데 제1차 세계 대전이 일어나자 군용기로 개발되어 전쟁에 쓰이게 되었어요.

과거에는 전쟁이 일어나면 적의 방어선을 뚫지 않고서는 적진으로 들어갈 수 없었어요. 그래서 육지나 바다에서 적의 방어선을 뚫기 위해 많은 사람이 희생될 수밖에 없었지요. 그런데 육지나 바다의 장애물을 쉽게 넘어 다닐 수 있는 항공기가 군사 작전에 쓰이면서 불필요한 재산 피해와 희생을 줄일 수 있게 되었어요. 그뿐만 아니라 항공기의 도움으로 지상전이나 해전에서도 더욱 효과적으로 승리할 수 있었어요. 그것이 확인된 것이 바로 제1차 세계 대전이에요. 상황에 따라 재빠르고 날쌔게 움직일 수 있는 비행기가 전쟁에서 생존율을 높이고 승리의 가능성도 높여 준다는 것이 입증되었지요.

비행기와 하늘이 더욱 중요해진 것은 제2차 세계 대전 때였어요. 제2차 세계 대전을 치르면서 많은 나라들은 공중을 지배하지 않고는 전쟁에서

이기기 어렵다는 사실을 깨닫게 됐지요. 하늘을 장악하지 않고는 지상전도 해전도 어려워졌기 때문이에요. 그러므로 제2차 세계 대전 이후 많은 국가들은 나라의 안보와 국방을 위해 항공기를 개발하고 조종사를 양성하기 시작했어요. 나라마다 항공력을 키우려는 노력은 지금까지 이어지고 있는데, 오늘날 안보의 강대국은 모두 이렇게 항공기를 이용해 하늘을 장악하고 있지요.

그렇다면 앞으로는 어떨까요? 미래에는 하늘의 힘이 더욱 중요할 것으로 보여요. 하늘을 장악하는 힘, 즉 공군력이 국가의 안보를 위해 지금보다 훨씬 더 중요해질 것으로 예측되어요. 미래전은 5차원 전쟁이 될 것이라고 해요. 땅과 바다, 하늘을 넘어서 사이버 공간과 우주에서도 전쟁을 벌이게 된다는 뜻이에요.

오늘날 과학 기술의 급격한 발달은 미래 전쟁 양상도 바꿔 놓을 전망이에요. 미래에는 제2차 세계 대전처럼 기계화된 무기를 사용했던 과거의 전쟁과 달리 컴퓨터나 전자 장치를 이용한 고도의 신기술이 전쟁에 동원될 것으로 보여요. 그러므로 전쟁의 영역도 육, 해, 공을 넘어서 사이버 공간과 우주로 확대될 것이에요. 우주 공간을 활용한 정보 전쟁, 사이버 전쟁, 그리고 달 탐사로 개발될 우주선 도킹 기술, 우주 통신 기술, 초정밀 우주선 유도 기술 등 첨단 기술에 의한 전쟁이 예상된답니다.

우리나라는 이미 이러한 양상에 직면하고 있어요. 북한의 핵무기와 장거리 미사일 개발, 또 GPS 교란 및 사이버 공격과 전자 장비 무력화 시도,

제1차 세계 대전 때의 항공기(위)와
제2차 세계 대전 때의 항공기(아래)예요.

민간 항공기에 대한 항법 교란 등으로 심각한 위협을 받고 있지요. 그래서 앞으로 항공력은 물론이고 우주 전력과 사이버 공간에 대한 방어력이 우리나라의 안보를 위해 무엇보다 중요해졌답니다.

현재 우리나라는 대한민국 공군을 중심으로 항공 우주 전력을 기르기 위해 노력하고 있어요. 이제 공군도 공중을 넘어서서 우주까지 확장된 영역에서 임무를 수행하는 하늘의 수호자가 되어야 해요. 우리 공군은 공중뿐만 아니라 우주까지도 모두 감시하고 지키는 항공 우주군으로의 변신을 시도하고 있답니다.

첨단 과학 기술을 이끄는 항공 우주 산업

최첨단 전투기가 하늘을 날기 시작했어요. 그러자 조종사가 쓰고 있는 헬멧에 전투기 안팎의 모든 정보가 떠올랐어요. 비행기가 어떤 속도로 어느 방향으로 날아가고 있는지, 적기가 어디쯤에서 날아오고 있는지 헬멧 바이저에 모든 정보가 나타났어요. 조종사는 계기판을 바라보기 위해 고개를 숙이지 않고 이 헬멧을 통해 전달되는 정보들을 바로 눈앞에서 확인했어요.

항공기나 우주선은 이렇게 각종 첨단 장비와 소재로 만들어져요. 현재의 첨단 과학 기술이 총 집합될 뿐만 아니라 지금의 상상을 뛰어넘는 각종 최첨단 기술이 사용되는 곳이 항공 우주 산업이지요. 항공 우주 산업은 오늘날 현대 산업을 이끄는 견인차 역할을 하고 있답니다.

그동안 항공기에 사용된 다양한 기술들이나 소재들은 이미 우리 일상에서 응용되어 새롭게 탄생해 왔어요. 항공기 내의 컴퓨터 정보들을 모아 조종사 헬멧에 나타나게 하는 헤드업 디스플레이(HUD : 조종사가 전방을 향한 채 필요한 정보를 읽을 수 있는 장치)는 자동차 전면 유리에 적용되고 있고, 항공기 조종석은 아기들을 위한 자동차 카시트로 변신했어요. 또 항공기의 무게를 줄이기 위해 만들어 낸 탄소섬유는 골프채나 자전거 같은 스포츠용품에 적용되었지요.

우주 기술 역시 오래전부터 우리 생활 깊숙이 파고들었어요. 우주 기술은 미국이 1969년 '아폴로 우주선'을 달에 착륙시키면서 본격적으로 발달되었어요. 우리가 지금 가정에서 쓰고 있는 마이크로웨이브 오븐이나 진공청소기는 바로 아폴로 계획을 통해 개발된 기술이에요. 우주인을 위해 개발된 기술이 우리 일상생활에 적용된 사례지요. 이 밖에도 우주 기술은 끊임없이 우리 생활에 적용되어 왔어요. 의학, 식품, 건강, 에너지, 환경, 정보 기술 등 많은 산업에서 다양하게 응용되었어요.

우주선이 발사될 때 우주인에게 줄 수 있는 충격을 흡수하기 위해 만들었던 패딩은 메모리폼 베개와 매트리스로 개발되었고, 우주인 식량은 냉동 건조 식품으로 상품화되었어요. 그뿐만 아니에요. 최근에 주목받는 획기적 기술인 자율 주행 차와 드론도 모두 우주 기술에서 온 것이지요.

오늘날 우주 산업의 발달은 아주 중요해졌어요. 최근 우주 산업이 각종 첨단 산업을 이끌고 있으니까요. 우주 산업은 현재 국방과 안보를 위한 개발을 뛰어넘어 국가와 기업을 이끌 새로운 성장 동력으로 발돋움하고 있답니다.

그렇다면 우리나라의 우주 개발은 어디쯤 와 있을까요? 우리나라는 아직 우주 개발 분야의 선진국이라고 할 수 없어요. 안타깝게도 우주 개발의 역사가 짧기 때문이지요.

우리나라는 1992년 과학 실험용 위성인 '우리별 1호'를 시작으로 우주 개발에 뛰어들었어요. 1957년 옛 소련이 세계 최초의 인공위성 '스푸트니크'를 발사한 것에 비교하면 35년이나 늦은 편이에요. 하지만 뒤늦게 우주 개발에 뛰어든 만큼 우리나라는 현재 우주 산업 선진국들과의 격차를 좁히기 위해 꾸준히 노력하며, 새롭게 다가올 우주 시대에 대비하고 있답니다.

그동안 우리별 1호에 이어 2, 3호와 방송 통신 위성인 무궁화 1, 2, 3호 그리고 다목적 실용 위성인 아리랑 1, 2호 등을 개발하면서 인공위성 분야의 발전을 위해 박차를 가해 왔어요.

우주 분야에 대한 관심도 높아져 2008년에는 최초의 우주 비행사를 배출하기도 했어요. 우리나라 최초의 우주 비행사인 이소연 박사님이 그 주인공으로 전 세계적으로는 475번째, 여성으로서는 49번째로 우주인이 되었어요. 이소연 박사님은 10일 동안 국제 우주 정거장에 머물면서 여러

나로호의 발사 모습이에요.

가지 우주 과학 실험을 마치고 돌아왔지요.

　우리나라는 2013년 나로호(KSLV-1호)를 성공적으로 발사시켜 한국형 우주 발사체의 성공을 거두기도 했어요. 그동안 우리나라는 발사대가 없어서 위성을 발사하기 위해 다른 나라의 발사대를 빌려 이용해야 했어요. 그러나 그 이후에는 전라남도 고흥에 우주 로켓 발사장이 있는 우주 센터, '나로 우주 센터'를 지어 세계에서 13번째로 우주 로켓 발사장을 가진 나라가 되었어요. 위성을 발사하기 위해 다른 나라에 부탁해야 하는 어려움을 비로소 해결하게 되었지요.

　이 나로 우주 센터에서 우리나라 최초의 우주 발사체인 나로호가 발사되었어요. 2009년과 2010년, 2번의 실패를 겪은 뒤 2013년 1월 3번째 발사에서 드디어 성공을 거두었지요.

　우리나라의 현재 위성 기술은 세계 6~7위권이라고 해요. 뒤늦은 출발에도 불구하고 기계, 전자 같은 뛰어난 항공 우주 주변 기술을 갖추고 있어 아주 빠르게 선진국의 우주 개발 기술을 따라잡고 있어요. 특히 국가 주도로 우주 개발 중장기 계획을 수립하여 항공 우주 강국으로 거듭나기 위해 애쓰고 있답니다.

자랑스러워요, 대한민국 항공!

일찍이 우리나라에는 하늘의 힘을 길러야 하고, 하늘의 힘을 기르기 위해서 비행기가 필요하다는 것을 깨달은 항공 선각자들이 있었어요. 일제 강점기 때 일본 제국주의 침략에 맞서 싸운 독립운동가들이었지요.

대표적으로 독립운동가 안창호 선생님(1878~1938)은 대한민국 임시 정부에서 활동하며 비행기에 높은 관심을 보였어요. 독립운동에 쓸 비행기를 마련하기 위해 비행기 구매 운동을 벌이고, 비행기를 구매하기 위해 미국, 필리핀, 러시아 등 여러 나라와 접촉하기도 했어요. 당시 비행기의 용도는 선전물을 뿌려 독립운동을 알리고, 독립운동가들이 서로 연락을 취하기 위해서였는데, 실제 비행기 수입은 여러 사정으로 이루어지지 못하고 말았어요.

독립운동을 위해 비행기를 실제로 구입한 것은 노백린 장군님이 미국에 설립했던 윌로우스 비행 학교에서였어요. 독립 군단에 들어와 비행사가 되려는 한국인 청년들을 훈련시키기 위해 모두 5대의 비행기가 마련되었어요. 노백린 장군님과 동료들은 우리가 일본을 이기는 길이 비행기를 이용한 독립 투쟁뿐이라고 굳게 믿고 있었어요.

일제 강점기 때 독립운동에 비행기를 이용하려고 했던 우리나라는 6·25 전쟁을 겪으면서 항공기의 중요성을 더욱 절실하게 깨달았어요. 해방이 되자 우리나라에는 그동안 국내외로 흩어져 있던 항공 단체들이 모여 1946년 한국 항공 건설 협회를 만들었어요. 그리고 이 한국 항공 건설 협회를 바탕으로 1949년 10월 1일에는 대한민국 공군이 창설되었지요. 당시 우리 공군에는 미군으로부터 받은 연락기 10대, 그리고 일제하 '애국기 헌납 운동'이라는 모금 운동으로 마련한 건국기 10대가 전부였어요.

6·25 전쟁이 일어나자 우리 공군 조종사들은 이 20여 대의 경비행기를 타고 출격했어요. 아직 제대로 된 전투기 하나 갖추지 못한 우리 공군은 정찰용인 동시에 긴급 연락용인 이 비행기로 북한의 침략을 막아 냈지요. 그때 공군 조종사들은 비행기 조종석의 뒷자리인 후방석에 정비사를 탑승시켜 맨손으로 포탄을 투하했어요. 정말 눈물겨운 싸움이었어요.

우리나라는 6·25 전쟁을 겪으며 항공기 없이는 적의 침략을 막아 내기 어렵고, 나라의 안보와 평화를 지키기 어렵다는 것도 깊이 깨닫게 되었어요. 그래서 6·25전쟁이 끝나자 폐허 속에서도 어떻게든 항공기를 개발하고 항공기를 보유하기 위해 노력했지요.

우리나라는 1953년 처음으로 국산 경비행기 '부활호'를 만들었어요. 전쟁 직후 산업 기반이 약했지만 우리 힘으로 비행기를 만들려 했던 땀과 눈물의 결실이었어요. 이 부활호는 전쟁으로 인해 사기가 떨어진 국민에게 커다란 용기를 주었어요. 그리고 자주국방의 희망과 우리도 할 수 있다는 자신감도 느끼게 되었지요.

하지만 부활호는 대량 생산되진 못했어요. 아쉽게도 우리 힘으로 비행기를 만들었다는 사실에 만족해야 했어요. 항공기 개발은 경제적으로 막

공군 창설 당시 대한민국 최초의
군용 항공기였던, L-4 연락기(위)
국산 1호 항공기, 부활호(아래)

대한 투자가 필요하고, 시간도 오래 걸리는 산업이었기 때문이에요.

항공기 개발이 어려움에 부딪히게 되자 그로부터 우리나라는 항공 선진국으로부터 항공기를 도입하는 데 힘을 기울이기 시작했어요. 우리의 영공을 수호하려는 목적으로 훈련기, 수송기, 헬기, 정찰기, 전투기 등을 주로 미국으로부터 공군에 도입해 왔어요. 그렇게 항공기를 도입하던 시기는 1990년대까지 이어졌어요.

그러나 한편으로 우리나라가 스스로 항공기를 만들어야 한다는 생각과 꿈을 포기한 것은 아니었어요. 우리나라는 1980년대부터 본격적으로 국산 항공기를 개발하려 했어요. 당시 우리나라가 항공기를 만들어 낼 수 있을 만큼 성장을 이루었기 때문이에요. 1980년대는 우리나라도 중화학 공업이 발달하고 경제의 규모도 중진국 대열에 들어선 때였어요.

그 후 10여 년의 준비 끝에 1991년에는 마침내 한국형 훈련기 개발 산업에 뛰어들게 되었어요. 그 결과 여명이라 불리는 1호기가 개발되어 최초 비행에 성공해 드디어 대한민국이 비행기를 생산하는 나라가 되었어요.

우리나라 항공 산업은 2000년대가 되면서 비약적인 발전을 이루었어요. 최초의 국산 훈련기 KT-1(2000)과 최초의 국산 초음속기 T-50의 최초 비행(2002)과 초음속 비행(2003)이 성공을 거두어 마침내 국산 전투기를 생산하는 나라가 되었지요.

특히 T-50을 개발함으로써 우리나라는 이제 비행기 생산 국가로 항공 선진국들과 어깨를 나란히 하게 되었어요. 인도네시아에 수출하는 등 수

❶우리나라가 개발한 한국형 훈련기인 입문 과정 훈련기 KT-100
❷기본 과정 훈련기 KT-1 ❸고등 과정 훈련기 T-50

출 길도 열렸는데, 항공기의 수출은 자동차 수천 대를 파는 것과 같은 경제적 효과를 낳게 되었어요.

　오늘날 대한민국 항공이 이렇게 발전하기까지는 그동안 숱한 고난과 어려움이 있었어요. 일제 강점기와 6·25 전쟁을 겪어야 했고, 남북이 갈라져 늘 안보를 걱정하며 살아야 했지요.

　그런데 우리나라가 그동안 겪어야 했던 이런 시련은 한편으로 대한민국의 항공 발전을 이끈 원동력이기도 했어요. 나라를 튼튼하게, 국민을 안전하게 지키는 일이 우리나라의 항공 발전을 이끌어 온 것이지요. 일제에 대한 독립운동은 우리나라에 항공의 씨앗을 뿌렸고, 6·25 전쟁과 북한의 끊임없는 위협은 오히려 대한민국의 항공을 꽃피우게 하는 밑거름이 되었어요. 그것은 민간 항공의 발전으로도 이어졌답니다.

　현재 우리나라는 세계적 수준의 한국 공군과 세계 10대 항공사에 드는 대한항공, 그 뒤를 잇는 아시아나항공 등 여러 항공사를 갖게 되었어요. 그리고 마침내 비행기 생산 국가로 우뚝 서게 되었지요.

오늘도 우리 하늘에는 몸체에 커다란 태극 마크가 새겨진 공군 전투기들이 날고 있어요. 그리고 국적 민항기 역시 태극 마크를 자랑스럽게 뽐내며 세계 곳곳의 하늘을 당당하게 누비고 있답니다.

참고 문헌

신문 · 잡지 및 웹사이트
공군(월간), 〈최창곤, 국방과학 기술과 안보〉, 2016년 6월(VOL, 456)
공군(월간), 〈기획특집① 승리의 희망을 수송해 준, 캐나다를 가다!〉, 2015년 12월(VOL, 450)
네이버백과
두산백과
조선일보, 〈우주화물운송 · 여행 민간개방으로 우주산업 '新 르네상스'〉, 2016년 6월 13일자
www. kari. re. kr

단행본
강수정 · 이남훈, 하늘여행, 전나무숲, 2006
공군 박물관, 아리랑, 그리고 신념의 조인, 2015
공군 본부 정훈 공보실, 알기 쉬운 공군이야기 II, 2012
김덕수, 하늘에 새긴 영원한 사랑, 조국, 21세기북스, 2013
김덕수, 블랙이글스에게 배워라, 21세기북스, 2015
김현, 하늘을 꿈꾸는 자, 전투조종사, 기파랑, 2012
김환기 · 임상민, 대한민국공군의 위대한 비상, 플래닛미디어, 2011
대한민국 항공회, 대한민국항공 1913~1969, 2015
딘 E. 헤스(이동은 옮김), 신념의 조인, 플래닛미디어, 2010
박종권, 하늘에 산다, 풀잎, 2012
설완식, 비행의 꿈을 이룬 발명가 라이트 형제, 웅진다책, 2005
장조원, 비행의 시대, 사이언스북스, 2015
토마스 불핀치(최혁순 옮김), 그리스 · 로마신화, 범우사, 1980
한우성 · 장태한, 1920,대한민국 하늘을 열다, 21세기북스, 2013

※ 〈알고 싶어요, 공군 조종사〉에 삽입된 이미지들은 대부분 대한민국 공군에서 직접 촬영한 사진이거나 보관하고 있는 자료들로 저작권과 초상권에 문제가 없음을 확인, 전달받은 것들입니다. 그 외 추가로 삽입된 이미지들은 저작권 기간이 만료된 것들임을 알립니다.

알고 싶어요, 공군 조종사

1판 1쇄 인쇄 2017년 10월 10일
1판 1쇄 발행 2017년 10월 13일

지은이 김인옥
그린이 정경아

펴낸이 김영곤
미디어사업본부 이사 신우섭
미디어믹스팀 장선영 조한나 이상화
문학영업팀 권장규 오서영
미디어마케팅팀 김한성 정지은
제작팀 이영민
펴낸곳 (주)북이십일 아울북
출판등록 2000년 5월 6일 제406-2003-061호
주소 (우 10881) 경기도 파주시 회동길 201(문발동)
연락처 031-955-2100(대표) **팩스** 031-955-2177
홈페이지 www.book21.co.kr

ISBN 978-89-509-7132-8 73000

책 값은 뒤표지에 있습니다.

이 책 내용의 일부 또는 전부를 재사용하려면 반드시 (주)북이십일의 동의를 얻어야 합니다.
잘못 만들어진 책은 구입하신 서점에서 교환해 드립니다.

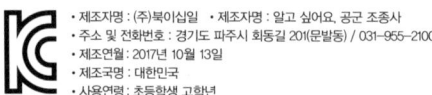

- 제조자명 : (주)북이십일　• 제조자명 : 알고 싶어요, 공군 조종사
- 주소 및 전화번호 : 경기도 파주시 회동길 201(문발동) / 031-955-2100
- 제조연월 : 2017년 10월 13일
- 제조국명 : 대한민국
- 사용연령 : 초등학생 고학년